世界と日本
がわかる
国ぐにの歴史

一冊でわかる
スペイン史

【編著】永田智成・久木正雄
Nagata Tomonari　Hisaki Masao

河出書房新社

はじめに

スペインの天地は複雑怪奇？

「欧州《おうしゅう》の天地《てんち》は複雑怪奇《ふくざつかいき》なる新情勢《しんじょうせい》を生《しょう》じた」。第二次世界大戦が始まる直前、大日本帝国の内閣総理大臣であった平沼騏《ひらぬまき》一郎《いちろう》はこういって内閣総辞職《ないかくそうじしょく》しました。

スペインの歴史の特徴をひと言で表すならば、この「複雑怪奇」という言葉がぴったりかもしれません。古来さまざまな民族が往来し、地域や多宗教が入り乱れての離合《りごう》をくり返し、意外でとんちのきいた展開がなされます。ヨーロッパの一国でありながら、他のヨーロッパの国々の常識が通用しない歴史にただ驚かされることでしょう。

だからといって、総辞職よろしく学ぶことを途中でやめてしまってはもったいない！複雑だからこそおもしろく、怪奇だからこそ刺激的。この本は、せっかくスペインの歴史に興味をもってくれたみなさんに、そんなふうに感じながら学んでもらいたいという願いを込めて編《あ》まれました。みなさんの知的好奇心に「新情勢」が生じるきっかけとなれば、これほどうれしいことはありません。

永田 智成・久木 正雄

知ってびっくり！

スペインの4つのひみつ

初めてスペイン史にふれるあなたに、意外な事実を紹介します！

ひみつ1

レコンキスタの時代は戦っていただけではなかった？

800年近くもの長きにわたって激しい戦闘が続いたイベリア半島では、キリスト教徒、イスラーム教徒、ユダヤ教徒、そして改宗者《かいしゆうしや》の間の緊張関係の上に、豊《ゆた》かな文化が育《はぐく》まれていたのです。

他のヨーロッパの国々にも影響を与えたよ

→くわしくは 53 ページへ

ひみつ2

「太陽の沈まない国」は貧しかった？

16世紀後半のスペインは「太陽の沈《しず》まない国」と呼ばれるほどの繁栄《はんえい》を誇《ほこ》りましたが、裏では多額の借金《しやっきん》を抱え、17世紀には外国との戦争にも国内の反乱《はんらん》にも悩《なや》まされていました。

困った……

→くわしくは 103 ページへ

ひみつ3

スペイン風邪の発生源はスペインではない？

第一次世界大戦中に世界中で大流行したこの病気は、スペインでは報道規制が緩《ゆる》く、また国王が重症《じゅうしょう》になったことが広く知られたなどの要因が重なり、病名にスペインとつけられてしまったのです。

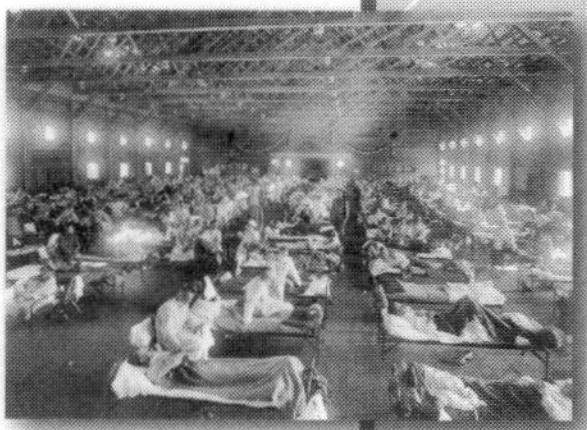

→くわしくは 163 ページへ

ひみつ4

じつはスペインは世界大戦に参戦しなかった！

スペインは、第一次世界大戦にも第二次世界大戦にも参戦しなかったという、ヨーロッパのなかでも数少ない国のひとつでした。

→くわしくは 162、183 ページへ

さあ、スペイン史をたどっていこう！

目次

chapter 2 レコンキスタの一部始終

chapter 3「太陽の沈まない国」

<ラス・ベンタス闘牛場>

マドリードにある、スペイン国内最大級の闘牛場です。1931年に完成し、収容人数は2万3798人、アリーナの直径はおよそ60メートルあり、闘牛博物館が併設されています。1994年には、スペイン重要文化財に登録されました。

chapter 4 ハプスブルク家からブルボン家へ

chapter 5 反乱と独立の19世紀

＜グエル（グエイ）公園＞

1984年に世界遺産に登録された、アントーニ・ガウディによる作品群のひとつです。カラフルな陶器やタイルの破片が敷きつめられているほか、波打つベンチや特徴的な形の建物などがあります。

ひみつコラム

プロローグ

多様性の国、スペイン

みなさんはスペインと聞いて何を思い浮かべますか？　激しい踊《おど》りと演奏で人々を魅了《みりょう》するフラメンコ、勇敢な闘牛士《とうぎゅうし》には惜《お》しみない拍手が湧《わ》きおこる闘牛、サッカー好きなら、レアル・マドリード対ＦＣバルセロナの試合である「エル・クラシコ」を思い浮かべる人もいることでしょう。セルバンテス、ゴヤ、ピカソ、ガウディ、カザルスの名とともに、彼らの作品に思いをはせたり、美食家のあなたならパエリアやアヒージョといった料理の名を挙《あ》げたりするかもしれませんね。

こういったスペインの姿はいずれもまちがいではありませんが、あくまでスペインのもつさまざまな側面のなかのひとつにすぎません。みなさんが思う以上にスペインは「多様性の国」なのです。

しばしばスペインは地中海性気候であるといわれますが、それはオレンジ畑が広がる地中海に面した東部の特徴です。その他の地域では、カンタブリア海に面した北部は雨が多い海洋性気候であり、首都マドリードをふくむカスティーリャ地方の内陸部は、夏

総面積：約50.6万㎢
総人口：約4733万人
マドリードの人口：約333万人

※スペイン国立統計局の情報にもとづく。(2020年1月1日時点)

と冬、昼と夜の寒暖差の大きい大陸性気候です。

さらに、スペインには独自の言語をもつ地域があります。一般に「スペイン語」と呼ばれるものは、厳密には「カスティーリャ語」です。この他にカタルーニャ語、ガリシア語、バスク語という少なくとも3つの言語があり、これらの言語はカスティーリャ語の方言ではありません。たとえば、カタルーニャという名前は、近年の独立運動で聞いたことがあるのではないでしょうか。ピカソもガウディもカザルスも、バルセロナがあるこの地方の出身です。

また歴史に目を向けると、約800年続いたレコンキスタの時代があります。キリスト教、イスラーム、そしてユダヤ教という3つの宗教が折り重なるようにして豊かな文化を生み出し、その後キリスト教国家として歩み出したスペイン王国においても、イスラームやユダヤ教からキリスト教に改宗《かいしゅう》した人々が社会の多様性を形づくってきました。こうした要素は、ヨーロッパのなかでスペインに固有の特徴といえるものです。

さあ、スペインの魅力をもっと知るために、「多様性の国」の歴史をひも解《と》いていきましょう。

chapter 1

イベリア半島は誰のもの？

さまざまな民族

イベリア半島には、今から約50万年前から人類が住んでいた痕跡《こんせき》があります。

旧石器時代のもっとも有名な遺跡は、アルタミラの洞窟《どうくつ》です。牛や馬などの動物が色《いろ》鮮《あざ》やかに描かれた壁画《へきが》があり、約1万5000年前のクロマニョン人によるものだとされています。

紀元前2500年ころには金属器文化がおこり、農耕も始まりました。このころ、灌《かん》漑《がい》（水路をつくって田畑に水を引き込むこと）やブドウやオリーブの栽培《さいばい》、馬の使用も始まります。

紀元前1000年ころ、各地からさまざまな民族がイベリア半島に移り住んできました。イベリア半島南部に住んだのは、中東からやってきたフェニキア人です。彼らは銀《ぎん》鉱山《こうざん》を開発するために住みつくと、現在のレバノンを中心とする地中海との交易のための航路を開拓し、活発な経済活動を行います。

フェニキア人はのちに衰退《すいたい》し、その子孫によって北アフリカに建国されたカルタゴが、アンダルシーア地方（現在のイベリア半島南部）を支配しました。

イベリア半島北東部から現在のフランス南部の沿岸には、ギリシア人が植民市《しょくみんし》と呼ばれる都市を形成します。ギリシア人植民市とギリシア本土との間には、航路が結ばれていました。代表的な町は、リヨン湾《わん》に面するマッシリア（現在のフランスのマルセイユ）です。

こういった諸民族の往来《おうらい》を経《へ》て、イベリア半島には、主に北アフリカから移住してきたと考えられているイベリア人が半島南部と東部に、ピレネー山脈を越えて北から侵《しん》入《にゅう》してきたケルト人が半島西部と中央部に住みつきます。彼らは徐々《じょじょ》に融合《ゆうごう》してケルティベリア文化を形成しました。

ローマ人の進出

イベリア半島南部を拠点《きょてん》としていたカルタゴは、イタリア半島を拠点に勢力を伸ばしたローマとシチリア島をめぐって争《あらそ》いますが、敗北します（第一次ポエニ戦争）。

経済活動において重要だったシチリア島を失ったカルタゴは、イベリア半島の中部から東部にかけて勢力を拡大します。

そしてカルタゴ・ノウァ（現在のスペイン南東部のカルタヘーナ）を首都として、権《けん》益《えき》の確保に乗り出しました。

紀元前２１８年には、ハンニバル率《ひき》いるカルタゴ軍が、イベリア半島からアルプス山脈を越えてイタリア半島に上陸します（第二次ポエニ戦争）。

ハンニバルはカンナエの戦いなどでローマ軍をつぎつぎと破り、ローマをあと一歩のところまで追いつめました。しかし、途中からローマが持久戦に方針を変えたため、カルタゴ軍は打つ手がなくなってしまいます。

イベリア半島の防衛では、ハンニバルの弟のハスドルバルが指揮し、ローマ軍の侵攻《しんこう》を食い止めました。しかし、ローマの大スキピオの攻撃によって首都のカルタゴ・ノウァが陥落《かんらく》します。

紀元前２０２年には大スキピオがハンニバルを破り、翌年には第二次ポエニ戦争もローマの勝利で終結しました。こうしてイベリア半島におけるカルタゴの支配は終わり、ローマ人による支配が始まります。

ローマ支配下のヒスパニア

紀元前197年、ローマ人はイベリア半島に属州《ぞくしゅう》ヒスパニアを設置しました。これが「スペイン（エスパーニャ）」の語源となります。

ヒスパニア各地にローマ軍の軍人が入植して都市を建設したことで、イベリア半島のローマ化が進んでいきました。しかし、ケルティベリア人やルシタニア人など、先住民による激しい抵抗運動が発生します。最終的にこの抵抗が終わるのは、第二次ポエニ戦争の終結から約80年も経《た》ってからのことでした。

その後、共和政を経て帝政となったローマの政治は、「パクス・ロマーナ（ローマによる平和）」と呼ばれます。この政治のもとで、ヒスパニアは大きく発展します。

7属州時代のヒスパニア

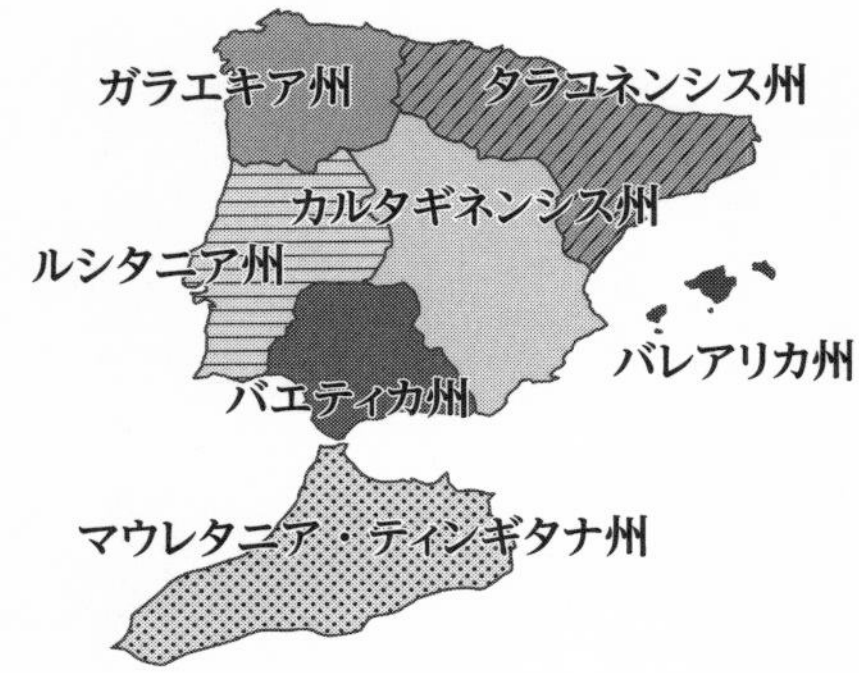

このローマ帝国の時代、ヒスパニアはさらに細かな属州に区分されていました。属州の数には変遷《へんせん》があり、当初はヒスパニア・キテリオルとヒスパニア・ウルテリオルのふたつでしたが、7属州の時代には、北東部のタラコネンシス州、南東部のカルタギネンシス州、南部のバエティカ州、南西部のルシタニア州、北西部のガラエキア州の5つがイベリア半島の大陸部にありました。これらの属州は各属州の総督《そうとく》によって統治が行われました。

ローマ人の総督による支配のもと、農業や鉱業は大きく発展し、都市も繁栄します。ウィア・アウグスタといわれる街道をはじめ、水道橋や橋、劇場や闘技場《とうぎじょう》、広場や城壁《じょうへき》など、現在も史跡として残る施設が整備されました。

1世紀後半のウェスパシアヌス帝《てい》の時代から、ヒスパニアでも有力者にローマ市民権が与えられるようになります。彼らはブドウやオリーブの農園を経営しつつ、公共建築などを行いました。

ヒスパニアは、ローマ帝国で活躍する多くの人材を輩出しました。たとえば、ローマ帝国の最盛期の5人の皇帝のうち、トラヤヌスとハドリアヌスはヒスパニアの出身です。皇帝ネロの師であった哲学者のセネカ、詩人のルカヌス、修辞《しゅうじ》学者のクインティリアヌスなどもヒスパニアの出身でした。

キリスト教を国教に

1世紀ころ、キリスト教がヒスパニアに入ってきます。

ローマ帝国は古代オリエントや古代ギリシア、古代エジプトなどさまざまな地域の神々を取り入れて信仰《しんこう》する多神教の国だったため、ひとつの神しか認めない一神教のキリスト教は長い間禁止されていました。しかし、帝国領内の各地でキリスト教が広まり、3世紀の終わりころにはヒスパニアでも全域に広まったと考えられています。そのため、313年にコンスタンティヌス帝によりキリスト教が容認されます。

さらに、392年にはテオドシウス帝により国教化され、キリスト教はローマ帝国で信仰が許される唯一の宗教となりました。これ以降、キリスト教はイベリア半島の歴史に深く関わっていきます。

ゲルマン民族がやってくる

遊牧民《ゆうぼくみん》のフン族が、375年に東方からヨーロッパにやってきました。彼らに圧迫《あっぱく》され、東ヨーロッパに住むゲルマン民族は西へ移動を開始しました。これがいわゆる「ゲルマン民族の大移動」です。

ヒスパニアにゲルマンの諸民族が到達《とうたつ》したのは、409年のことでした。ヴァンダル族とアラン族、スエビ族がガリア（現在のフランス）を経由《けいゆ》して、ヒスパニアに侵入しました。その結果、ヒスパニアの治安は大きく乱れました。

この問題を解決するために、ローマ帝国は彼らに土地を分けあたえ、帝国の防衛をする「同盟者」とみなして定住を許します。

ところが415年になると、西ゴート族が、定住地を求めて南ガリアに到達しました。

ゲルマン民族の侵入ルート

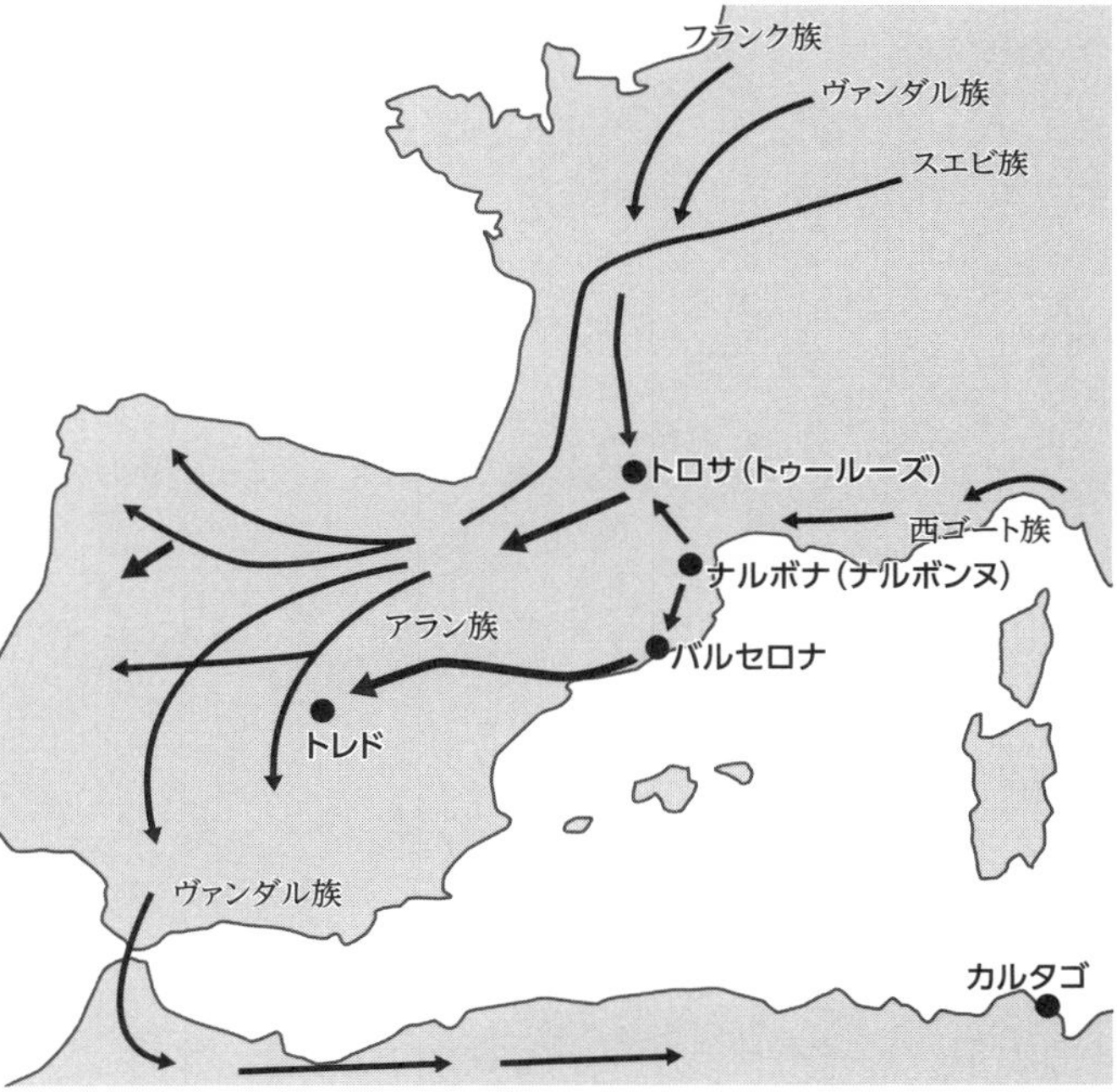

西ゴート族の実力者だったウァリアは、ヴァンダル族を倒したら定住地を与えられることを、ローマ皇帝のホノリウスから約束されます。

こうして416年には、ローマ帝国と西ゴート族の連合軍がイベリア半島に入り、ヴァンダル族を攻撃したのです。

その結果、ヴァンダル族と、同じく攻撃を受けたアラン族は、429年にこれらふたつの民族の王であるガイセリックのもと、ヒスパニア南部から海を渡って北アフリカに逃《のが》れました。

ヴァンダル族を討伐《とうばつ》した西ゴート族は、ローマ帝国からアクイタニア地方（現在のフランス南西部）の一部を与えられ、定住を許されます。

なお、スエビ族はイベリア半島北東部にスエビ王国を築《きず》き、585年に西ゴート王国に併合《へいごう》されるまで150年ほど続きました。

西ゴート王国、建国

西ゴート族のヴァリアはトロサ（現在のフランス南西部にあるトゥールーズ）を首都とし、418年に西ゴート王国を建国しました。

エウリック王の時代には、西ローマ帝国崩壊《ほうかい》の時期とも重なり、イベリア半島における西ゴート王国の版図《はんと》が拡大しました。彼は軍をイベリア半島各地に送り、大半を支配下に置きます。西ゴート王国は、南ガリアからイベリア半島全域までを支配する有力国家へと成長したのです。

500年ころの西ゴート王国周辺

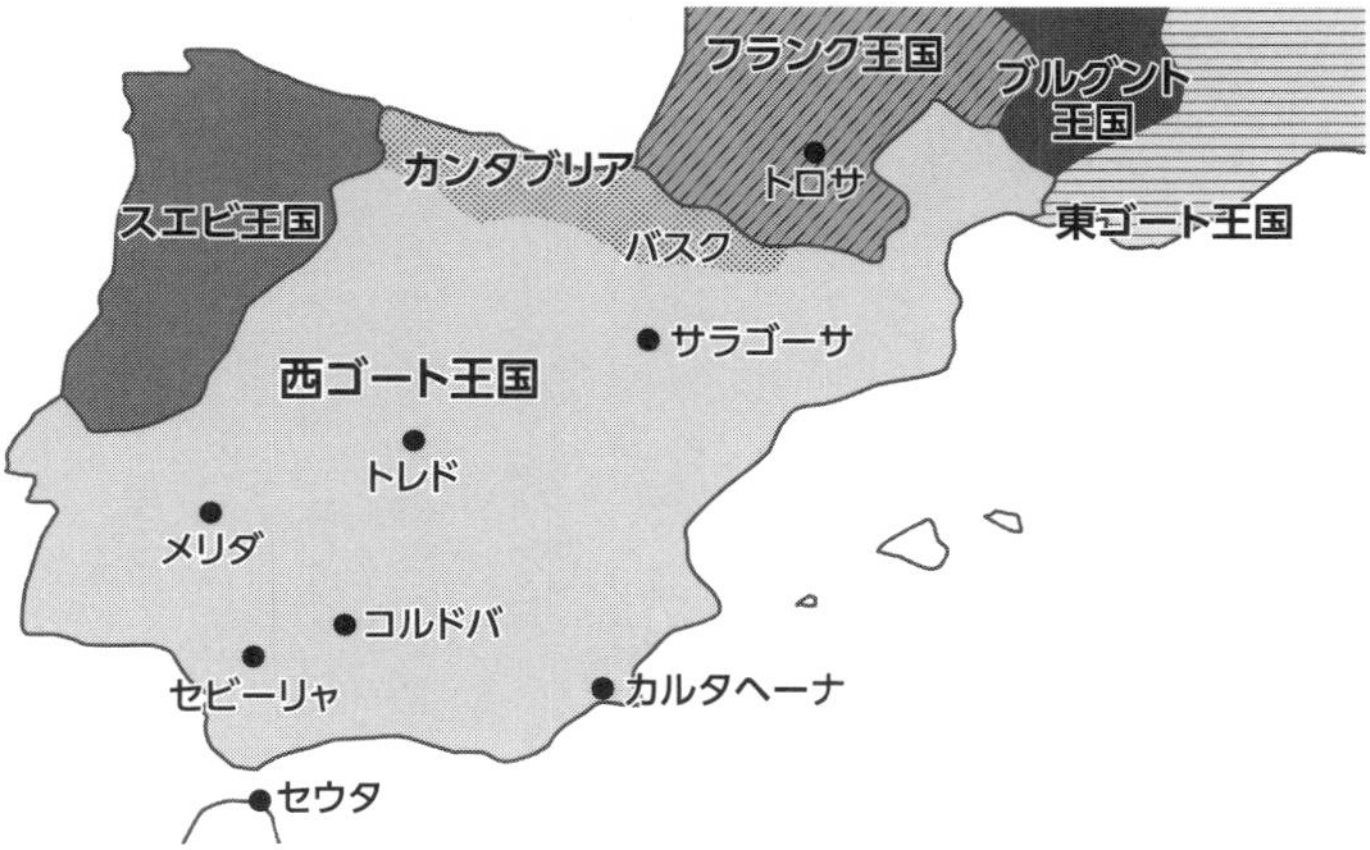

５世紀末になると、フランク族のクローヴィスが北ガリアでフランク王国を建国し、南ガリアの西ゴート王国と対立するようになります。

フランク王国の軍勢は５０７年に南ガリアに侵入し、西ゴート王国の軍を撃破《げきは》しました。戦いのなかで、西ゴート王アラリック２世は戦死し、南ガリアの領土はフランク王国に奪《うば》われてしまいます。

生き残った南ガリアの西ゴート族はイベリア半島に逃れ、以降西ゴート王国の版図はイベリア半島だけになり、首都はトレドに移されました。

アラリック２世の死後、西ゴート王国の

王位をめぐって争いが起きました。西ゴート族の間では、「実力のある者が王になる」という伝統がありました。強い部下が弱い王を倒《たお》すのは悪いことではなかったため、つぎつぎと王が交代し、政治は混乱しました。

約60年の不安定な時期を経て、568年に有力者の兄弟であるリウヴァとレオヴィギルドが、ともに王として即位《そくい》しました。リウヴァ王の死後、レオヴィギルド王によって、西ゴート王国は安定を取りもどすことになります。

ひとつの国にふたつの宗教と法体系

初期の西ゴート王国の大きな特徴は、少数のゴート人が多数のヒスパノ・ローマ人（ローマ帝国時代からヒスパニアに住む人の子孫）を支配していたことでした。

ゴート人の貴族たちは王国の要地で大土地を所有するなど、莫大《ばくだい》な富《とみ》を築きます。さらに、トロサに代わって首都となったトレドをはじめとする各地で高い地位の官職に就《つ》き、王位をねらう者もいました。

一般民衆の大部分はヒスパノ・ローマ人で、農業や工業、司祭《しさい》など教会の聖職《せいしょく》に従事《じゅうじ》しました。その他、北部の山岳《さんがく》地帯や海岸部には、バスク人やカンタブリア人などの、西ゴート王の権力に従わない民族が生活していました。

ゴート人とヒスパノ・ローマ人の間では、宗教にも適用される法律にも違《ちが》いがありました。

宗教面では、ゴート人はキリスト教のアリウス派を信仰していましたが、ヒスパノ・ローマ人はカトリックを信仰していました。

法律面では、ゴート人には「エウリック法典」という独自の法律が適用されましたが、ヒスパノ・ローマ人にはローマ帝国時代のローマ法が適用されました。ひとつの国にふたつの法体系があり、民族によって適用される法律が異《こと》なるという状態が長い間続くことになります。

アリウス派からカトリックに

王位についたレオヴィギルドは、前の王であるアタナギルドの妻と再婚します。前妻との間には、ヘルメネギルドとレカレドというふたりの息子がいました。

レオヴィギルドはイベリア半島各地で積極的に軍事遠征《えんせい》を行い、国の治安を回復させ、国王の権力を強化しようとしました。国内の有力者を弾圧し、ローマ皇帝のように玉座《ぎょくざ》に座って王の衣《ころも》をまとい、みずからの姿を彫《ほ》った独自の貨幣《かへい》を流通させました。

レオヴィギルドは宗教と法体系の違いによる国家の二重構造の解消にも取り組み、まずはゴート人とヒスパノ・ローマ人の結婚が許されるようになります。しかし、このことで宗教の問題は解決しませんでした。

この問題はヘルメネギルドによる反乱《はんらん》にまで発展しました。一説によると、ヘルメネギルドは妻のイングンデに説得され、カトリックに改宗しました。そして東ローマ帝国に軍事支援を求めたうえで、セビーリャを拠点とし、父であるレオヴィギルドに反抗《はんこう》したのです。

この反乱自体はすぐに鎮圧《ちんあつ》されましたが、大多数のヒスパノ・ローマ人がヘルメネギルドを支持していたことがわかり、レオヴィギルドはこれ以上西ゴート王国でアリウス派の信仰を維持《いじ》するのは困難であると悟ります。レオヴィギルドは586年に死去しますが、亡《な》くなる直前にカトリックに改宗したといわれています。

レオヴィギルドの死後に即位したレカレドは、みずからカトリックに改宗し、589年にカトリックの司教などの宗教指導者による会議をトレドに召集《しょうしゅう》します（第3回トレド公会議）。レカレドは、この会議で西ゴート王国がカトリックを国教とすることを宣言し、宗教面での二重構造が解消されました。

また、西ゴート王国にはユダヤ教徒（ユダヤ人）も都市部を中心に存在していました。ユダヤ教徒は1世紀ころか

そのころ、日本では？

レオヴィギルドが亡くなった586年ころの日本では疫病《えきびょう》が流行し、これを外来の宗教、つまり仏教のせいだとする物部守屋《もののべのもりや》が仏殿《ぶつでん》を破壊するという事件が起こりました。当時の日本では、仏教の導入に賛成する蘇我《そが》氏と反対する物部氏が対立したとされています。

らイベリア半島に居住していたと考えられています。

イエス・キリストはユダヤ教徒に迫害《はくがい》されて殺されたと考えられていたため、キリスト教が国教となったローマ帝国の時代には、ユダヤ教徒は差別され、奴隷《どれい》の所有などが禁じられていました。西ゴート王国の時代になるとその締《し》めつけがなくなり、ユダヤ教徒は独自のネットワークをつくって、活発な経済活動を行うようになります。

しかし、西ゴート王国のカトリック化にともなって状況は一変します。589年の第3回トレド公会議でユダヤ教徒の奴隷所有やキリスト教徒との結婚が禁止されたのをきっかけに、ユダヤ教徒のキリスト教への改宗や、ユダヤ教徒への弾圧《だんあつ》が相次《あいつ》ぎました。

693年の第16回トレド公会議では、キリスト教に改宗しないユダヤ教徒の財産を没収する案が出され、694年の第17回トレド公会議ではユダヤ教徒を奴隷化する案が出されました。

法典の完成

ゴート人とヒスパノ・ローマ人の宗教の二重性は解消されたものの、まだ法体系の二重構造の問題は残っていました。法体系の統一をしようとしたのが、キンダスウィント王と息子のレケスウィント王です。

レケスウィント王は、654年に統一法典である「西ゴート法典」を完成させます。これは、君主をふくむすべての住民が守るべき唯一《ゆいいつ》の法体系として定められました。

この西ゴート法典は、西ゴート王国が滅亡《めつぼう》したあとも受け継がれ、中世末期まで「フエロ・フスゴ」と呼ばれて、使われ続けることになります。

イスラームの侵入

レケスウィントが672年に亡くなったあと、西ゴート王国はふたたび混乱の時代となります。

イベリア半島の南の北アフリカに目を向けると、東ローマ帝国の領土はイスラーム勢力によって征服《せいふく》されていました。698年には都市カルタゴが陥落し、イスラーム勢力がイベリア半島に進出するのは時間の問題でした。

存亡の危機にもかかわらず、西ゴート王国では王位をめぐる争いが続きます。710

イスラームの侵入経路

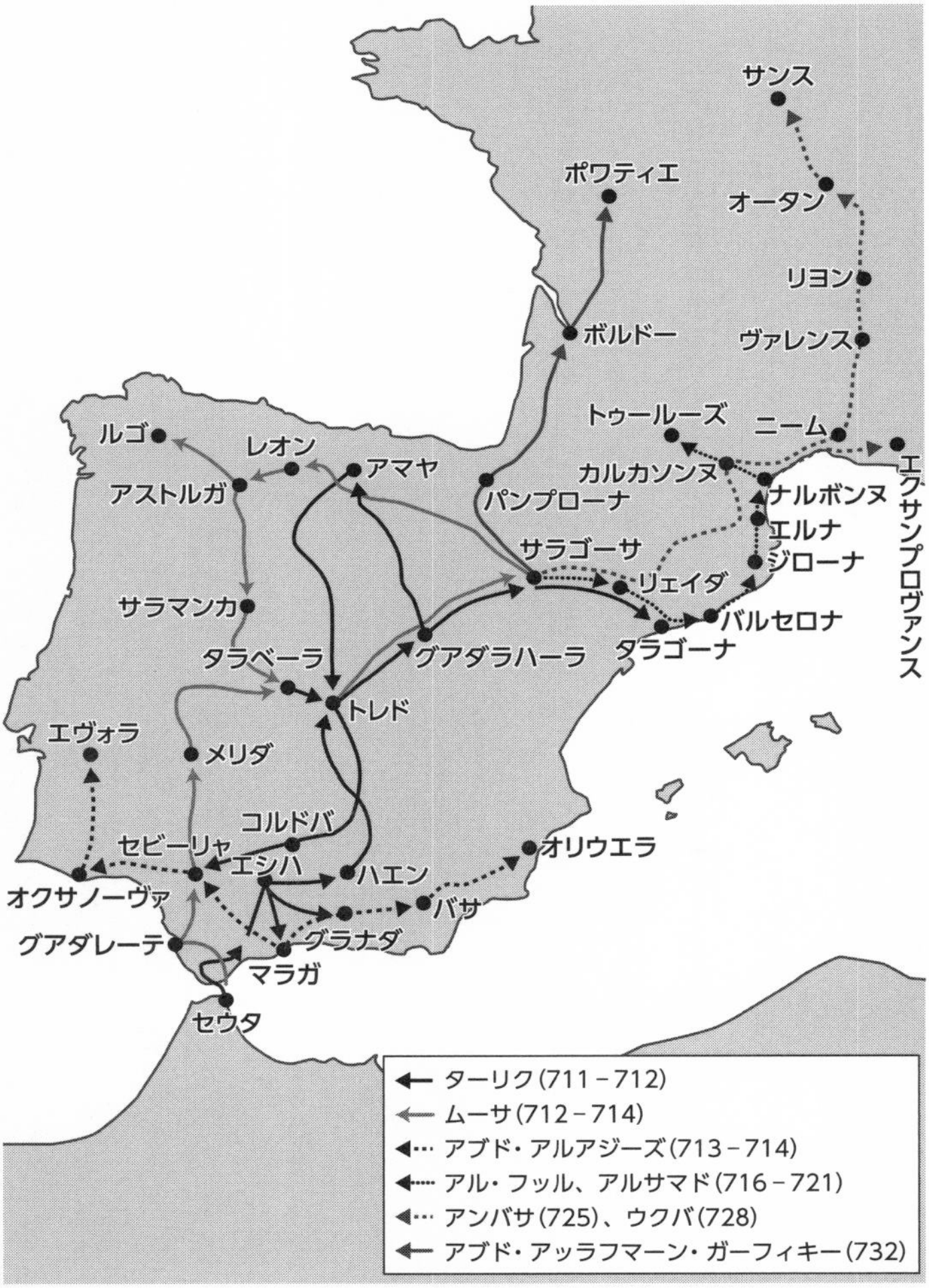

サンス
ポワティエ
オータン
リヨン
ボルドー
ヴァレンス
トゥールーズ
ニーム
ルゴ
レオン
アマヤ
カルカソンヌ
エクサンプロヴァンス
アストルガ
ナルボンヌ
パンプローナ
エルナ
サラゴーサ
ジローナ
リェイダ
サラマンカ
バルセロナ
グアダラハーラ
タラゴーナ
タラベーラ
トレド
エヴォラ
メリダ
コルドバ
オリウエラ
セビーリャ
エシハ
ハエン
オクサノーヴァ
バサ
グラナダ
グアダレーテ
マラガ
セウタ
ターリク(711－712)
ムーサ(712－714)
アブド・アルアジーズ(713－714)
アル・フッル、アルサマド(716－721)
アンバサ(725)、ウクバ(728)
アブド・アッラフマーン・ガーフィキー(732)

年にウィティザ王が亡くなり、息子のアギラ（アキラ）2世が即位したものの、実力者のロデリックが反乱を起こし、王位を奪ってしまいました。アギラ2世は王位を取りもどすために、亡きウィティザの一派とともにロデリックと戦いますが、決着がつきませんでした。

そこでアギラ2世はイスラーム勢力に力を借ります。711年、ウマイヤ朝のイフリーキヤ（北アフリカ中西部）の総督であるムーサは、アギラ2世の要請《ようせい》に応じて、ターリク将軍率いる約7000人の北アフリカのベルベル人部隊をイベリア半島に送り込みました。

ロデリック率いる軍勢は、グアダレーテでこれを迎えうちましたが完敗し、ロデリック自身も戦死しました。ターリク将軍はイスラーム軍を進め、死傷者を出さずに首都トレドを降伏させます。西ゴート王国は王位をめぐる争いのすえ、イスラーム勢力に簡単に敗れ、崩壊《ほうかい》したのです。

その後も、イスラーム軍はイベリア半島の主要な都市をつぎつぎと攻略しました。こうして、イベリア半島の大部分がイスラーム勢力の支配下に置かれることとなりました。

知れば知るほどおもしろいスペインの偉人❶

ローマにおけるストア派の中心人物

ルキウス・アンナエウス・セネカ

Lucius Annaeus Seneca

（紀元前４ころ～紀元後 65）

イベリア半島に生まれ、後世の思想・文化に影響を与えた

紀元前のローマで盛《さか》んだったギリシア哲学《てつがく》の学派であるストア派のなかでも、とくに活躍したのがセネカです。

スペイン南部に位置するコルドバに生まれたセネカは、皇帝ネロの家庭教師などを務《つと》めました。ストア派が理想の生き方としたのは「自然への服従《ふくじゆう》」で、これは大自然に身を委《ゆだ》ねることで、不安や欲望を取りのぞくというものです。その思想はセネカの著書《ちよしよ》にもよく表れており、『人生の短さについて』には「生きることからもっとも遠く離れているのが多忙《たぼう》な人間だ。生きることを知るのは何よりも難しいことなのだ」などの言葉が記されています。

ほかにも、『道徳書簡《どうとくしよかん》』『アガメムノン』『トロイアの女たち』などを執筆し、モンテーニュ、マキアヴェッリ、シェイクスピア、ラシーヌといった後世の著述《ちよじゆつ》家《か》に影響を与えました。

chapter 2

レコンキスタの一部始終

レコンキスタの始まり

イスラーム支配下のイベリア半島は、ダマスカスを首都とするウマイヤ朝によって統治される属州となり、「アル・アンダルス」と呼ばれました。「アル・アンダルス」という語は、本来はイスラーム勢力がイベリア半島全体を指すために用いた地理的な呼び名ですが、本書ではイスラーム支配下の地域のことをこう呼ぶこととします。

住民のイスラームへの改宗は強制ではなく、ジズヤ（人頭税《じんとうぜい》）を払うことでキリスト教やユダヤ教の信仰の維持《いじ》が認められました。アル・アンダルスにおいてキリスト教の信仰を続けた人は、モサラベと呼ばれます。他方、一部のキリスト教徒は出世や富を求めてイスラームに改宗し、ムワッラドと呼ばれました。

アル・アンダルスでは、征服地の分配をめぐってアラブ人同士が戦ったり、ベルベル人が反乱を起こしたりと混乱が続き、アミール（総督）が35年の間に19人も代わるなど不安定な状況でした。

一方、西ゴート王国が崩壊したあと、ペラーヨなどの西ゴート貴族や民衆は、北部の

8世紀なかばのイベリア半島

カンタブリア山脈のふもとに逃れます。ペラーヨはバスク系の先住民であるアストゥリアス人の支持を得て王位に就き、アストゥリアス王国を成立させました。

ペラーヨは７２２年、ウマイヤ朝の軍勢をアストゥリアス南部にあるコバドンガの谷間におびき寄せ、奇《き》襲《しゅう》して勝利しました。のちに「レコンキスタ（再征服）」と呼ばれることになる、キリスト教徒によるイベリア半島の奪還《だっかん》運動の始まりとされています。

アストゥリアス王国はレコンキス

タを進め、アルフォンソ2世の時代には北西部のガリシア地方を併合しました。

アル・アンダルスの政治的な混乱をおさめたのが、アブド・アッラフマーン1世です。彼はウマイヤ王家の出身で、ダマスカスのウマイヤ朝が崩壊したあと、イベリア半島にわたり、756年にアミールの座に就きました。

こうしてウマイヤ朝の支配者の血筋《ちすじ》を引き継ぐ形で、アル・アンダルス独自の王朝であるコルドバ・アミール国（後《こう》ウマイヤ朝）が成立しました。

イベリア半島北部の動き

イベリア半島にイスラーム勢力が侵入した後、ピレネー山脈東部に住むバスク系先住民は、西ゴート王国の人々を多く受け入れます。先住民の首長の一族は、婚姻《こんいん》によって西ゴート貴族と結びつきました。

他方、コルドバ・アミール国が成立する前後のアル・アンダルスの混乱のなか、フランク王国は801年にバルセロナを占領します。この年、西ゴート貴族がバルセロナ伯に任命され、フランク王国の支配下にある諸伯領《しょはくりょう》からなるスペイン辺境領《へんきょうりょう》が成立しました。このスペイン辺境領が、のちにカタルーニャと呼ばれる地域になっていきます。その後フランク王国は弱体化し、スペイン辺境領の諸伯領は自立性を強めました。987年、フランク王国にカペー朝が成立すると、諸伯領は独立します。

一方で、ピレネー山脈の西部のバスク系先住民は状況が異なりました。彼らはフランク王国による支配を拒否《きよひ》し、アル・アンダルスに接近していたのです。820年、バスク系貴族のイニゴ・アリスタは、親戚《しんせき》でムワッラド貴族であるカシー家の支持を得てナバーラ王国を建国し、初代国王となりました。

また、この時期のコルドバ・アミール国の王アブド・アッラフマーン2世は、国の財政と行政の改革を試《こころ》みました。貴族に統治を任せるという西ゴート王国以来の伝統を破棄し、国家が直接統治して徴税《ちょうぜい》もみずから行いました。これによりコルドバ・アミール国の財政は改善し、アストゥリアス王国やスペイン辺境領へ軍事遠征が行われたり、首都コルドバにあるモスク（イスラームの礼拝堂《れいはいどう》）が建て替えられたりしました。

西ゴート王国以来の特権を失うことになるムワッラド貴族はアブド・アッラフマーン2世に反発し、9世紀後半から10世紀初頭にかけて大規模な反乱が発生します。

これをチャンスととらえたアストゥリアス王国のアルフォンソ3世は、ムワッラド貴族と協力して、アル・アンダルスとの境目《さかいめ》にあった現在のポルトガル北部の都市ポルトゥカーレ（現在のポルト）と、中部のコインブラ、そしてカスティーリャ北部へと版図を広げ、多くの農民を入植させました。こうして、アストゥリアス王国は、領土を拡大しました。

カスティーリャ伯領の成立

910年、アストゥリアス王国はレオン王国とガリシア王国に分裂します。レオン王国の東部の境界域であるカスティーリャ北部には、バスク人やカンタブリア人が入植しました。そして、所有者のいない荒《あ》れ地《ち》を開拓した彼らに土地所有を認め、庇護《ひご》を与える領主権力が乱立していました。

このようなカスティーリャ北部をひとつに束《たば》ねたのが、932年にカスティーリャ伯となったフェルナン・ゴンサーレスでした。カスティーリャ伯領は、その後レコンキスタを主導していきます。

10～11世紀のイベリア半島

アル・アンダルスの最盛期

アル・アンダルスは、10世紀に最盛期を迎えます。

９１２年にアミールとして即位したアブド・アッラフマーン3世は、９２９年にイスラームの創始者ムハンマドの後継者「カリフ」であると宣言しました。これ以降、コルドバ・アミール国はコルドバ・カリフ国と呼ばれます。

アブド・アッラフマーン3世は傭兵《ようへい》軍を組織して、キリスト教諸国への遠征をくり返します。さらに北アフリカのファーティマ朝にも軍隊を派遣し、マグリブ（現在のチュニジア、アルジェリア、モロッコを指す地域名）の北部を保護領としました。これに対し、レオン王国は、ナバーラ王国やカスティーリャ伯領とも連携《れんけい》し、ドゥエロ川流域をめぐってコルドバ・カリフ国と激しい攻防戦をくり広げます。しかし、コルドバ・カリフ国の勢いを抑《おさ》えることはできませんでした。

西地中海の大国となったコルドバ・カリフ国は、西イスラーム文化の中心地となります。当時、世界有数の大都市であった首都コルドバには知識人が集まり、大図書館が形成され、医学などの自然科学の水準も飛躍的に上昇しました。

10世紀後半にヒシャーム2世が幼《おさな》くしてカリフに就くと、ワジール（高官）のひとりだったマンスールがハージブ（待従《じじゅう》）となり、ヒシャーム2世に代わって政治を行うようになりました。

マンスールは傭兵軍を引き連れ、レオン王国など北部キリスト教諸国に遠征をくり返します。彼の軍勢はキリスト教徒の巡礼地であるサンティアゴ・デ・コンポステーラにまで達《たっ》しました。こうしてマンスールは、アル・アンダルスの領土を最大にします。

しかしマンスールの死後、コルドバ・カリフ国は、政治の実権をめぐる争いで混乱に陥《おちい》り、1031年に崩壊しました。ウマイヤ家のカリフという権威を失ったアル・アンダルスは分裂し、ターイファと呼ばれる小王国が乱立します。これが第一次ターイファ時代です。

「大王」サンチョ3世

1029年、ナバーラ国王サンチョ3世は、甥《おい》であるカスティーリャ伯ガルシア・サンチェスの死後、その姉である妻ムニアを通じてカスティーリャ伯領の領有権を獲得しました。そして、内乱で危機的な状況にあったレオン王国を保護国化します。さらに彼はバルセロナ伯も臣下《しんか》としました。

こうして最大版図を築いたナバーラ王国は、イベリア半島のキリスト教諸国でもっとも権力のある国として君臨《くんりん》することになり、サンチョ3世は「大王」とも呼ばれます。

カスティーリャ＝レオン王国の誕生

1035年、カスティーリャ伯領の領有権は、サンチョ3世から彼の息子であるフェ

カスティーリャ＝レオン王国の成立と継承

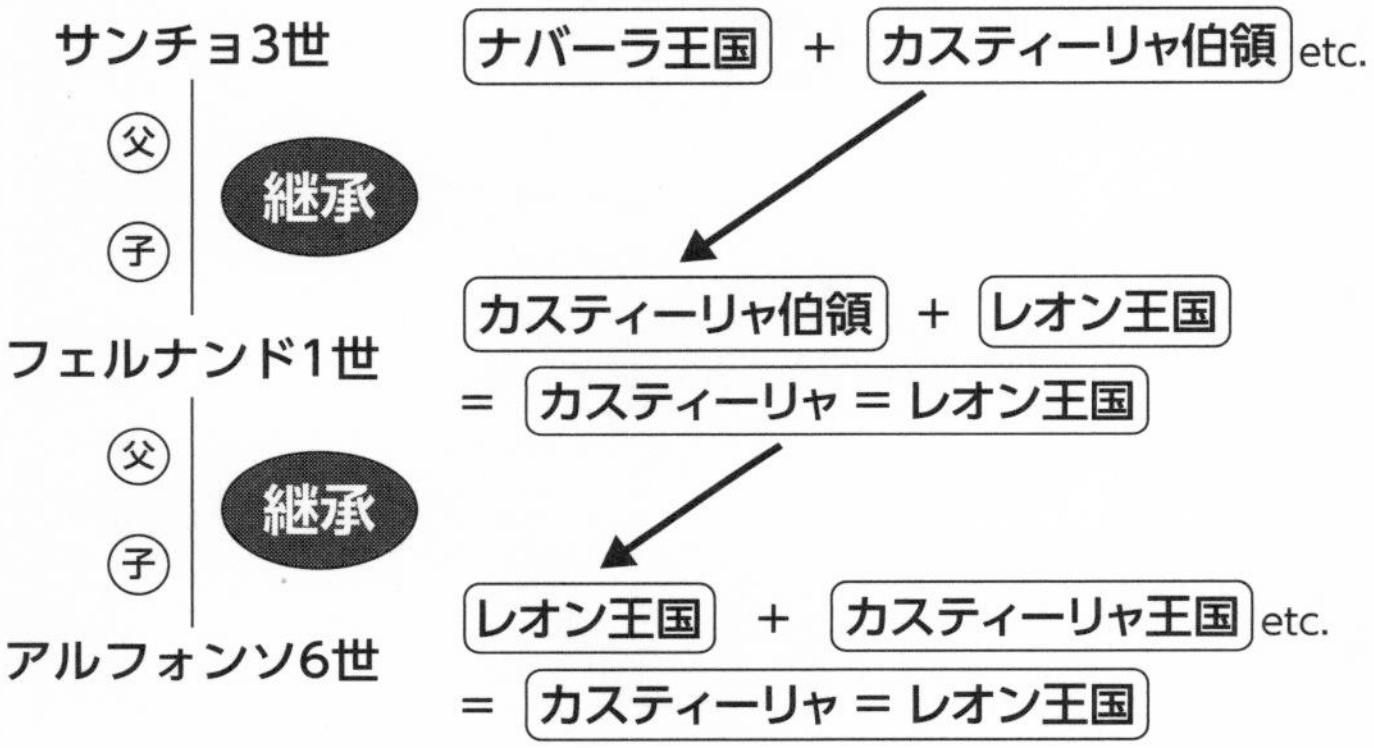

ルナンド1世に継承されました。フェルナンド1世は、レオン王国の継承権も得て、1037年にカスティーリャ＝レオン王国を成立させます。

　フェルナンド1世の息子のアルフォンソ6世は、兄弟間での争いを経てカスティーリャ＝レオン王国を継承しました。そして彼は積極的な軍事遠征をくり返し、かつて西ゴート王国の首都であったトレドを1085年にイスラーム勢力から取りもどしました。さらに彼は、複数の弱小なターイファを保護国とし、パーリア（上納金《じょうのうきん》）を徴収《ちょうしゅう》しました。

　この事態を受けて、ターイファの王たちはムラービト朝に軍事援助を求めました。

ムラービト朝の進出

ムラービト朝は、イスラーム法学者イブン・ヤーシーンが始めた、厳格な禁欲《きんよく》主義を実践《じっせん》するイスラーム改革運動（ムラービト運動）を起源とし、現在のモロッコ全域からモーリタニア東部まで拡大していました。

ターイファ諸国から援助依頼を受けたムラービト朝は、軍をイベリア半島に上陸させ、1086年にサグラハスの戦いでカスティーリャ＝レオン王国の軍を撃破しました。これを契機《けいき》として、ムラービト朝はアル・アンダルスの支配者になります。

アラゴン王国の拡大

このころ、イベリア半島北東部でも、新たな動きが起こ

そのころ、日本では？

1086（応徳３）年、日本では白河《しらかわ》天皇が幼少の堀河《ほりかわ》天皇に譲位《じょうい》し、上皇《じょうこう》として政務《せいむ》を握る、院政《いんせい》を開始しました。このときから平家滅亡まで（一説には承久《じょうきゅう》の乱まで）を「院政時代」と呼びます。ただ、院政という言葉自体は、江戸時代に思想家の頼山陽《らいさんよう》が名づけたものです。

っていました。

1035年、ナバーラ王国のサンチョ3世の庶子《しょし》（正妻《せいさい》以外の女性から生まれた子）であるラミーロ1世がアラゴン伯領を継承し、アラゴン王国が成立しました。

アラゴン王国は積極的な領土拡大政策をとりました。次の王となったサンチョ・ラミレスは、カスティーリャ＝レオン王国のアルフォンソ6世と組んで1076年にナバーラ王国を併合します。

また、1118年には、アルフォンソ1世のもとで、サラゴーサをムラービト朝から奪還しました。サラゴーサはアラゴン王国の首都となり、エブロ川以南に支配地域を広げていきます。

ムラービトからムワッヒドへ

ムラービト朝の支配下に入る前のターイファ諸国は、政治的・経済的にあまり力をもっていなかったため、キリスト教諸国の臣下となったり貿易を行ったりして、国を維持していました。

12世紀ころのイベリア半島

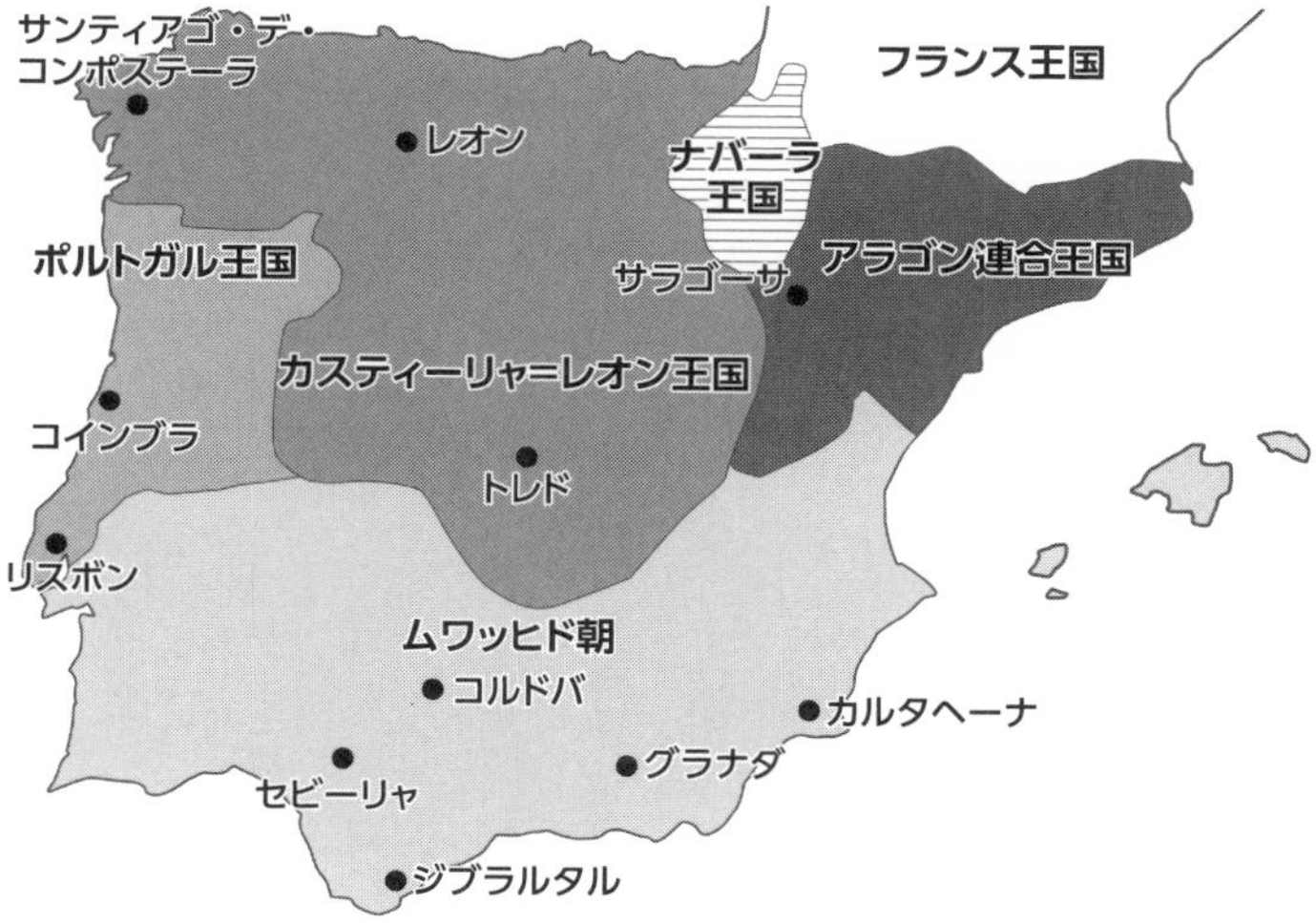

ところが、ムラービト朝において指導的立場にあるベルベル人は、コーラン（イスラームの聖典《せいてん》）の教えを厳格に守り、異教徒に対してもイスラームの規範《きはん》を守ることを強く求めました。そのため、キリスト教諸国やモサラベとの関係を維持したいと考えるターイファの王たちは、ムラービト朝と対立するようになっていきました。

一方でマグリブでは、ムラービト運動を異端《いたん》であるとして批判するムワッヒド運動が発生しました。

この運動はベルベル人のイブン・トゥーマルトが起こしたもので、「イスラームに唯一神アッラー以外の神はない」というイスラームの原則を強調して勢力を拡大し、ムラービト朝に対する「聖戦」を開始しました。そして1130年にムワッヒド朝を成立させ、1147年にはムラービト朝を滅《ほろ》ぼしました。

ムラービト朝の支配がなくなったアル・アンダルスでは、ふたたびターイファの王たちが群雄割拠《ぐんゆうかっきょ》することになります。こうして、第二次ターイファ時代が始まったのです。

ムワッヒド朝の初代カリフであるアブド・アルムーミンはイベリア半島に上陸してターイファ諸国の平定《へいてい》に着手し、その跡《あと》を継いだユースフによって、ムワッヒド朝は1172年にアル・アンダルス全土を支配下に置きました。

アラゴン連合王国の成立

アル・アンダルスの勢力図が一変する一方で、キリスト教諸国においても政治的動乱が起こっていました。

アラゴン王国では、レコンキスタを進めた「武人王」アルフォンソ1世の死後、後継者をめぐってアラゴン貴族とナバーラ貴族の対立が起こります。その結果、ラミーロ2

世がアラゴン王に、ガルシア・ラミレスがナバーラ王になったことで、1134年にアラゴンとナバーラの同君連合（複数の国をひとりの国王が統治する体制）が解消されました。

ラミーロ2世は、南フランスにも領土を保有するカタルーニャの大貴族であるバルセロナ伯に、アラゴン王国を譲《ゆず》る決断をしました。そして1137年、生後間もない娘ペトロニーラをバルセロナ伯ラモン・ベレンゲール（バランゲー）4世と結婚させます。こうして、アラゴンとカタルーニャによるアラゴン連合王国が成立しました。

一方、カスティーリャ＝レオン王国では、ムラービト朝やムワッヒド朝からの圧力が高まっていた時期に内紛《ないふん》が起こります。アルフォンソ7世が亡くなったあとの1157年、ふたたびカスティーリャ王国とレオン王国に分裂してしまいました。

カスティーリャ王国の肥大化

分裂したあとのレオン王国では、アルフォンソ9世が財政を強化するために臨時税の徴収を計画します。これを決めるために、彼はそれまで貴族と聖職者だけが参加できた立法機関に諸都市からの代表者を参加させました。こうして1188年、貴族、聖職者、都市代表者で構成される「コルテス」が成立します。これは、ヨーロッパ初の身分制議会です。

一方、カスティーリャ王国のアルフォンソ8世は、ナバーラ王国からイベリア半島北部の領土を奪い、支配地域の拡大を続けました。イスラーム勢力との戦いにおいては、1195年のアラルコスの戦いでムワッヒド軍に敗れました。

しかしその後、他のキリスト教諸国との連合軍を結成し、1212年のラス・ナバス・デ・トローサの戦いで、ムワッヒド軍に勝利

しました。

この勝利で、アルフォンソ8世はキリスト教世界におけるカスティーリャ王国の名声をたしかなものにします。そして、2代後のフェルナンド3世が、父であるレオン王アルフォンソ9世の死去にともなってその王位を継承したことで、カスティーリャ王国は1230年にレオン王国をふたたび併合しました。

ムワッヒド朝は、カスティーリャ王国に敗北したことで人々の不満を抑《おさ》えきれなくなり、1228年にはアル・アンダルスから撤退しました。こうして、誰《だれ》もが認める絶対的な権力者がいなくなったアル・アンダルスは、第三次ターイファ時代に突入します。

社会の移り変わり

レコンキスタが進展するイベリア半島では、アル・アンダルスの社会もキリスト教諸国の社会も大きく変化しました。

アル・アンダルスは、10世紀から貿易によって大きく成長します。人口が増加し、セビーリャは約8万人を数える主要都市のひとつとなりました。

このように経済的にも社会的にも成長したアル・アンダルス社会では、学問も大きく発展しました。哲学に貢献《こうけん》し、キリスト教社会においてもアヴェロエスの名で知られたイブン・ルシュド、世界地図を作成したイドリーシー、メッカ巡礼の旅行記を記したイブン・ジュバイルなど、後世に大きな影響を与える人物を輩出していきます。

一方、キリスト教諸国も11世紀から経済的・社会的に大きな発展を遂《と》げます。農業生産高の拡大は、人口の増加をもたらしました。聖地サンティアゴ・デ・コンポステーラにはヨーロッパ全土から多くの巡礼者が訪れ、巡礼路には宿場町《しゅくばまち》が形成されました。

また、征服地に入植した者には土地と住居が与えられたため、小さな土地の所有者が増えました。商業で成功した者のなかには、イスラーム教徒と戦うための装備を自分で用意して騎士になる者もいました。

さらに、厳格なイスラーム社会であるムラービト朝とムワッヒド朝から、多くのユダヤ教徒がキリスト教諸国へ移り住みました。ユダヤ教徒はアルハマと呼ばれる自治共同体で生活し、キリスト教諸国の商業活動に大きく貢献しました。

とくに多くのユダヤ教徒が住み、「スペインのイェルサレム」とも呼ばれた都市がトレドです。西ゴート王国の首都でもあったこの町では、1085年にアルフォンソ6世がイスラーム教徒から奪還して以来、キリスト教徒、モサラベ、ユダヤ教徒の交流が盛んになされました。このようななかで登場した「トレド翻《ほん》訳《やく》学派」と呼ばれる集団は、イスラーム世界の学術をラテン語に翻訳し、ヨーロッパの「12世紀ルネサンス」に大きな貢献をしました。

地中海に進出する

12世紀なかばから、アラゴン連合王国は人口が増加し、農業生産力も向上します。さらに、アレクサンドリアやコンスタンティノープル（現在のイスタンブール）などの港を中継地として香辛料などをあつかう地中海貿易の発展によって、経済が成長します。

そのころ、日本では？

有力御家人《ごけにん》の和田義盛《わだよしもり》が鎌倉《かまくら》幕府に対して、1213（建暦《けんりやく》3）年に反乱を起こします（和田合戦《がつせん》）。義盛は当時の執《しつ》権《けん》である北条義時《ほうじようよしとき》を打倒《だとう》するために挙兵《きよへい》し、合戦は2日間にわたり続きました。幕府軍が勝利したことにより、北条氏の執権体制はより強固なものとなります。

その一方で、アラゴン連合王国は、フランス王国のカペー朝との対立を強めていました。アラゴン連合王国がもつ南フランスの領土をねらっていたカペー朝は、キリスト教の異端にあたるアルビジョワ派（イエス・キリストの神性《しんせい》や聖書の一部を否定した運動。カタリ派ともいう）を制圧する名目で侵攻します。

その結果、1213年にフランス王国との戦いに敗れたアラゴン連合王国は、南フランスの領土を失い、国王ペドロ2世（バルセロナ伯としてはペラ1世）も戦死し、国内では政治的混乱が発生します。

次に即位したハイメ1世（ジャウマ1世）は、王権の強化に努めるとともに、領土拡大のために地中海へ進出していきました。1262年には、征服したバレアレス諸島を中心としてマジョルカ王国を成立させ、支配下に置きます。他方、1245年にはバレンシアのレコンキスタも完了させました。

1282年、フランスの王族であるアンジュー家が支配していたシチリア王国で「シチリアの晩禱《ばんとう》」と呼ばれる反乱が起こると、ペドロ3世（ペラ2世）はこれに乗じてシチリア島を領有しました。

また、カタルーニャの傭兵団は１３１１年にアテネ公国を、１３１９年にネオパトリア公国を占領し、ギリシアまでもアラゴン連合王国の勢力圏に組み込まれることになりました。

13世紀のアラゴン連合王国では、政治制度を充実させるために国王顧問《こもん》会議という諮《し》問《もん》機関の設立や地方行政制度の整備が行われ、コルテスが定期的に開催されます。

アラゴン連合王国の各都市には、都市の自治のための議決機関である市参事会が設置されました。なかでもバルセロナは、カタルーニャの主要都市であると同時にアラゴン連合王国全体での中核都市でもありましたが、強力な自治を求める動きが顕著でした。市参事会とともに、その諮問機関である「百人会議」が設置されたのです。

大レコンキスタ！

カスティーリャ王フェルナンド3世は、第三次ターイファ時代のアル・アンダルスへ大規模なレコンキスタを開始しました。１２３６年にコルドバを、１２４８年にはセビーリャを陥落させ、アンダルシーアの主要都市はカスティーリャ王国の領土となります。

これが「大レコンキスタ」です。

13世紀なかばには、アル・アンダルスと呼べる地域はムハンマド1世が建てたナスル朝グラナダ王国を残すのみとなっていました。しかもムハンマド1世は、グラナダ王国の安定のため、1246年にフェルナンド3世の臣下となっていたのです。

学問好きのアルフォンソ10世

カスティーリャ王国では、1252年に即位したアルフォンソ10世によって国内の法的かつ政治的な統一が図《はか》られていきました。彼は、メスタ（移動牧羊業者のギルド）を全国的な組織に再編《さいへん》するなど、経済の振興《しんこう》も行い

ました。

さらに彼は、学問でも大きな貢献をしました。国内外の学者や詩人をセビーリャに集め、法学や歴史学をはじめとする諸学問に関するカスティーリャ語（スペイン語）による書物の編纂《へんさん》を行いました。

孤立するグラナダ王国

イベリア半島最南部に位置したナスル朝グラナダ王国では、１２６０年代以降、カスティーリャ王国による軍事侵攻やマグリブのマリーン朝による介入を受けて、不安定な状態が続いていました。

転機は１３４０年におとずれます。グラナダ王国のユースフ１世はマリーン朝と組んで、サラード川の戦いでカスティーリャ王国のアルフォンソ11世の軍と衝突しました。グラナダ王国とマリーン朝の連合軍はこの戦いに敗れたものの、ペストと内乱によるカスティーリャ王国の混乱と、マリーン朝のイベリア半島撤退によって、グラナダ王国は自立しました。

ペストを引き金に

14世紀にヨーロッパで猛威《もうい》をふるったペストは、イベリア半島にも大きな影響を与えます。一説によると、カスティーリャ王国では人口の15～20パーセントが失われたといわれています。

この影響もあって農民が耕作地を放棄《ほうき》し、都市へ移動しはじめます。放棄された土地は貴族によって回収され、大土地所有が広まりました。貧富《ひんぷ》の差が拡大し、ユダヤ教徒への迫害も起こるなど、カスティーリャの政治が危機に陥るきっかけとなります。

1350年、アルフォンソ11世がペストで倒れると、ペドロ1世が王位に就きました。しかし、彼が強行した王権強化策に反発した貴族は、ペドロ1世の異母弟エンリケ・デ・トラスタマラを支持して反乱を起こしました。

カスティーリャの王位をめぐるこの内乱は、周辺諸国を巻き込む国際紛争に発展し、ペドロ1世はイングランドとグラナダ王国から、エンリケ・デ・トラスタマラはフランスとアラゴン連合王国から支援を受けます。

戦いではエンリケ・デ・トラスタマラが優位に立ち、1369年のモンティエルの戦いでペドロ1世は敗死しました。こうして同年、エンリケ・デ・トラスタマラはエンリケ2世として即位し、トラスタマラ朝が成立します。

反ユダヤ感情の高まり

イベリア半島のユダヤ教徒は、主に都市部のアルハマに住み、ユダヤ教の信仰と実践を保障された生活を営《いとな》んでいました。しかし、彼らのなかから有力なユダヤ教徒の商人や銀行家が現れたため、キリスト教徒の民衆からは「強欲《ごうよく》なユダヤ教徒」として敵視されるようになります。

また、ペストの流行によって人々の不安が高

まると、ユダヤ教徒はキリスト教徒の社会の破壊をもくろむ悪の手先だ、というデマが広がります。その結果、1391年にセビーリャで起こったものを発端として、トレドやコルドバなどの各地で大規模なポグロム（ユダヤ教徒に対する集団的な暴行・殺害）が発生しました。

ユダヤ教徒のなかには身の安全のため、ユダヤ教を棄《す》ててキリスト教に改宗する動きが広がりました。この人たちのことを、コンベルソといいます。

ところが、コンベルソは「本当にキリスト教を信じているのか」と、もとからのキリスト教徒に疑われ、敵視されるようになっていきました。コンベルソは経済危機や政治危機を背景に迫害され、社会の不安がさらに高まることとなります。

トラスタマラ家、巨大化

カスティーリャ王の座に就いたエンリケ2世は、みずからを支持した貴族を優遇《ゆうぐう》し、ペドロ1世を支持した貴族を弾圧《だんあつ》しました。その過程で歴史ある貴族が没落《ぼつらく》し、新たな貴族が台頭《たいとう》します。

トラスタマラ家の家系図

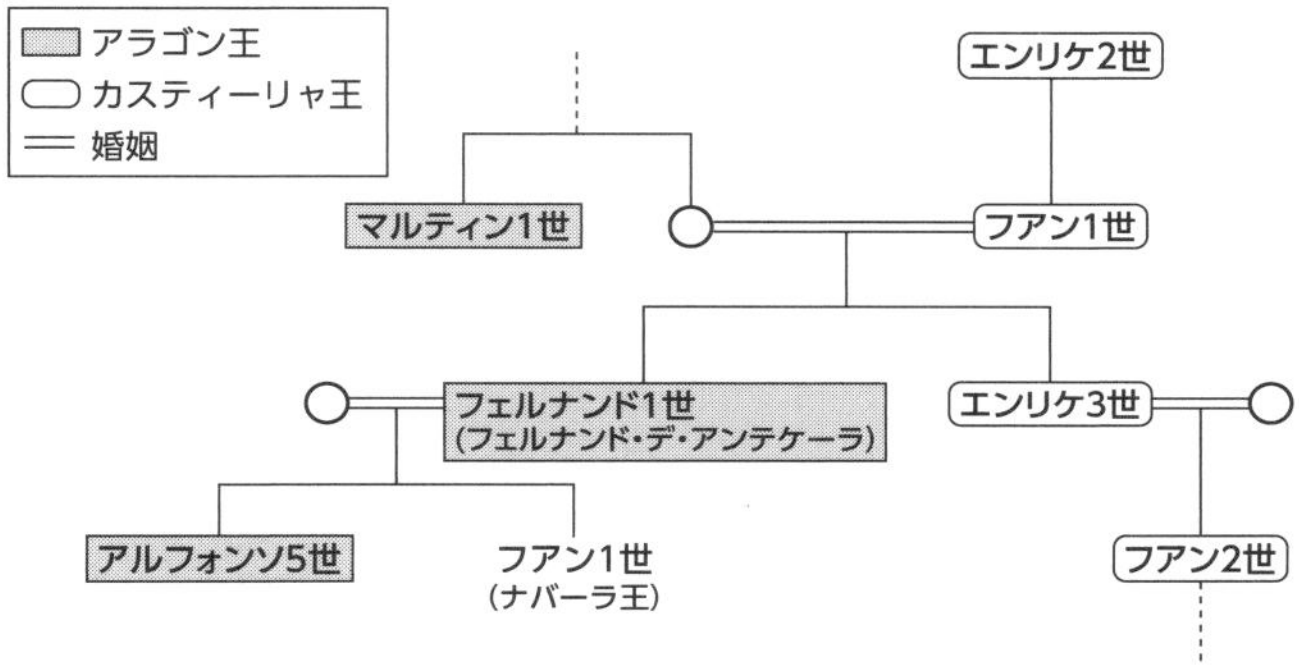

エンリケ2世の次に王となったフアン1世は、1385年にポルトガルの王位を主張して遠征しますが、ポルトガル軍に敗れました。この敗北による権威《けんい》失墜《しっつい》を恐れたフアン1世は、王権を安定させるために高位聖職者、貴族、レトラード（法《ほう》曹官僚《そうかんりょう》）からなる国王顧問会議を設置しました。

次のエンリケ3世は王権を強化するため、国王顧問会議から有力貴族を排除し、代わりに下級の貴族を登用します。また、市参事会にも役人を派遣したため、国王の影響力は市政でも強まっていきました。

1406年、エンリケ3世のあとに国王となったフアン2世は、わずか2歳でした。そのため、エンリケ3世の弟フェルナンド・デ・アンテケーラが摂政《せっしょう》となり、彼の発言力が高まっていきます。

そのころ、アラゴン連合王国の経済と社会は危機に直面していました。1410年、国王マルティン1世（マルティ1世）が後継者を残さず亡くなります。すると、複数の国王候補が擁立《ようりつ》され、貴族間の対立や地方間の対立が深まりました。

内乱の発生を防ぐため、アラゴン連合王国を構成する各王国の代表者が会議を開き、次の国王を誰にするかが話し合われます。そこで指名されたのが、カスティーリャ王国のフェルナンド・デ・アンテケーラでした。彼はアラゴン国王フェルナンド1世（ファラン1世）として即位します。

カスティーリャは内乱続き

エンリケ3世の治世以降、カスティーリャ王国の国王顧

そのころ、日本では？

1467（応仁《おうにん》元）年、室町《むろまち》幕府の後継者をめぐる問題などが原因で、応仁の乱が勃発《ぼっぱつ》します。諸大名は細川勝元《ほそかわかつもと》率いる東軍と山名持豊《やまなもちとよ》（宗全《そうぜん》）率いる西軍に分かれ、日本全土を巻き込む戦いにまで発展します。この争いは1477（文明《ぶんめい》9）年まで続き、明確な勝者のないまま終わりました。

問会議は、下級貴族やレトラードなどの国王派が多数となっていきました。そのため、15世紀なかばには、国王の権力が大きくなりすぎると考えていた有力貴族との対立が再燃します。

有力貴族は当時の王エンリケ4世を国王の座から降ろそうとしました。しかし、治安維持組織である「総都市同盟」とローマ教皇パウルス2世がエンリケ4世を支持したため、有力貴族はこれに従わざるをえなくなりました。

1468年、両者の和解のために結ばれた協定では、エンリケ4世が貴族に譲歩《じょうほ》し、みずからの娘フアナ・ラ・ベルトラネーハではなく、腹ちがいの妹イサベルが次の女王となることを承認しました。

破綻寸前のアラゴン

フェルナンド1世が即位したアラゴン連合王国は、依然《いぜん》として危機的状況にありました。ペストによって都市部の人口や農村の人口も大幅に減り、商工業・農業の生産力は低下します。収入が減った領主は、土地の利用料を値上げして収入を確保しようとし、農民はこれに反発しました。地中海貿易では、カタルーニャ商人がジェノヴァ商人やポルトガル商人に遅《おく》れをとっていました。

フェルナンド1世の長男アルフォンソがアルフォンソ5世（アルフォンス4世）として即位すると、彼は地中海貿易を維持・拡大することで危機の打破《だは》を図ろうとします。しかし、地中海帝国を維持するための膨大《ぼうだい》な軍事費が、国の財政に重くのしかかりました。バルセロナでは、商人や手工業者などからなる党派「ブスカ」が、財政の悪化を受け、市政を独占してきた都市貴族による党派「ビガ」を非難《ひなん》します。その結果、1453年にブスカによる市政が実現したものの、ビガはこれに反発し続けました。

1458年、アルフォンソ5世が死去すると、ナバーラ王フアン1世でもあった弟のフアン2世（ジュアン2世）が跡を継ぎました。彼の時代に、バルセロナでの党派争いはカタルーニャ全土を巻き込む内乱を引き起こします。この内乱は、王権とジャナラリター（議会に常設されている代表の部署）の対立を背景に、ラメンサと呼ばれる土地緊《きん》縛《ばく》農民の蜂起《ほうき》をきっかけとして1462年に始まりました。カスティーリャやフランス、ポルトガルの介入を受けながら10年にわたって続き、フアン2世が1472年にバルセロナを奪還したとき、アラゴン連合王国は破綻寸前《はたんすんぜん》でした。

スペイン王国、成立!

エンリケ4世の跡を継ぐことになった異母妹のイサベルは、反エンリケ派の貴族とのつながりがあったため、カスティーリャ王国ではふたたび内乱が起こる危険性がありました。内乱を防いで王位継承を確実にするため、イサベルはアラゴン連合王国の王太子フェルナンドとの結婚にふみきります。

他方、アラゴン連合王国のファン2世からすれば、息子で王太子のフェルナンドをイサベルと結婚させることで、カスティーリャとの同盟を結ぶことができます。国内外に同盟

レコンキスタ末期のイベリア半島

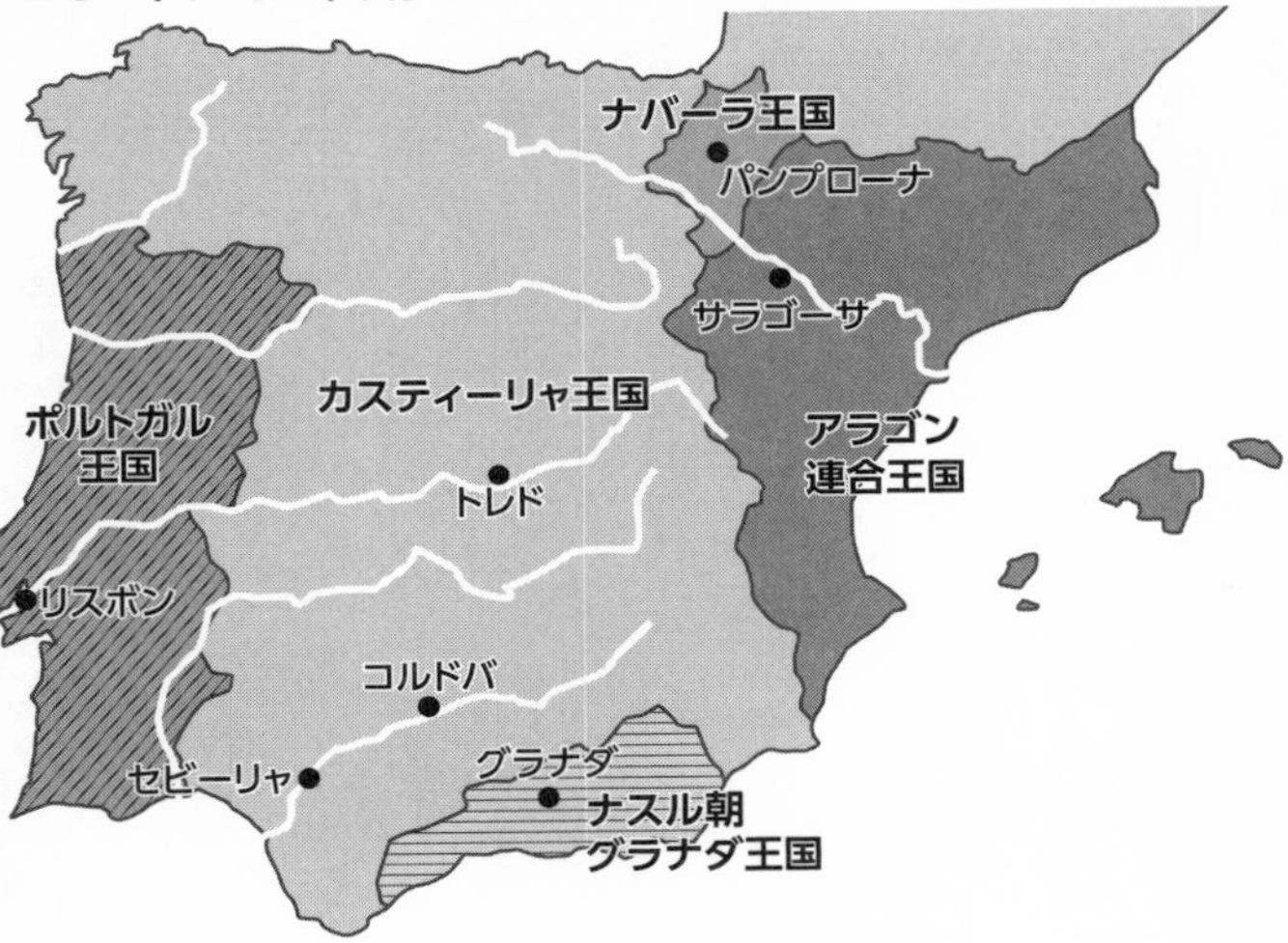

国となったことを示し、外国勢力による内乱への介入を排除しようとしたのです。

こうして1469年、イサベルとフェルナンドの結婚が実現します。

イサベルは1474年にカスティーリャ女王イサベル1世として即位し、フェルナンドは1479年にアラゴン王フェルナンド2世として即位しました。これによって「スペイン王国」がカスティーリャ王国とアラゴン連合王国の同君連合として成立したのです。

そして1512年には、カスティーリャ王国がナバーラ王国を取り込んだことにより、ポルトガルをのぞくすべてのイベリア半島の王国が、スペイン王国の版図に入ることになりました。

レコンキスタの完了

小国だったナスル朝グラナダ王国がキリスト教諸国に囲まれながら生き残ることができたのは、友好関係にあったジェノヴァ商人のおかげでした。臣民《しんみん》が生計を立てられるだけの農地がなかったため、必要な食糧をすべてジェノヴァ商人から買いつけていたのです。

しかし15世紀なかば以降、ジェノヴァ商人はグラナダ沿岸部の治安が悪化したことなどを理由にグラナダ王国との貿易を停止します。これはグラナダ王国にとって、死刑宣告に等しいものでした。

１４９２年、ムハンマド12世はグラナダを無血開城《むけつかいじょう》し、アル・アンダルスのイスラーム王朝は消滅しました。こうして、約８００年間続いたレコンキスタがイサベル１世とフェルナンド２世の手によって完了したのです。

知れば知るほどおもしろいスペインの偉人❷

イスラーム教徒にたたえられた騎士《きし》

エル・シッド

El Cid

（1043? ～ 1099）

「勇気ある者」としてスペインの国民的英雄に

「エル・シッド」の名で知られるスペインの英雄は、本名をロドリーゴ・ディアス・デ・ビバルといいます。

ブルゴス近郊《きんこう》に生まれ、騎士としてサンチョ2世とアルフォンソ6世に仕えました。1081年にカスティーリャ王国から追放《ついほう》されたあとは、サラゴーサのターイファのもとで仕えるようになります。同時に、レコンキスタの立役者《たてやくしゃ》として活躍し、1094年にはバレンシアを征服しました。そのときイスラーム教徒が、敵ながらその武勇をたたえて、「勇気ある者」を意味する「エル・シッド」と呼んだのです。

エル・シッドは国民的英雄として数々の文学作品に取り上げられており、スペイン文学最大の叙事詩《じょじし》のひとつ『わがシッドの歌』が13世紀に完成したといわれるほか、17世紀のフランスの劇作家コルネイユは、悲喜劇《ひきげき》『ル・シッド』を書きました。

chapter 3

「太陽の沈まない国」

大航海時代！

西ヨーロッパ諸国がヨーロッパ以外の世界へと進出する「大航海時代」は、15世紀以降の航海技術の発展によって後押《あとお》しされていきます。その先駆《さきが》けとなったのが、イベリア半島のスペインとポルトガルでした。

大航海時代においてスペインの中心となったのはカスティーリャ王国でした。カスティーリャ王国では、中世以来の造船・航海技術の発展に加え、大西洋に面した地の利により、ヨーロッパ北部との交易が盛んでした。さらに、ジェノヴァの商人やドイツの金融業者などからも知識、技術、財政などの面で支えられていました。これらが大航海時代への布石《ふせき》となりました。

スペインのヨーロッパ以外への進出には、大きく分けて3つの方向がありました。ひとつ目は北アフリカ沿岸部です。しかし、領域的な支配にはつながらず、寄港地《きこうち》（航海の途中で立ち寄る場所）といった軍事拠点《きよてん》の確保にとどまりました。

ふたつ目は、アメリカ大陸です。アステカ、インカなどを征服し、先住民の多くを殺

大航海時代のスペインとポルトガル

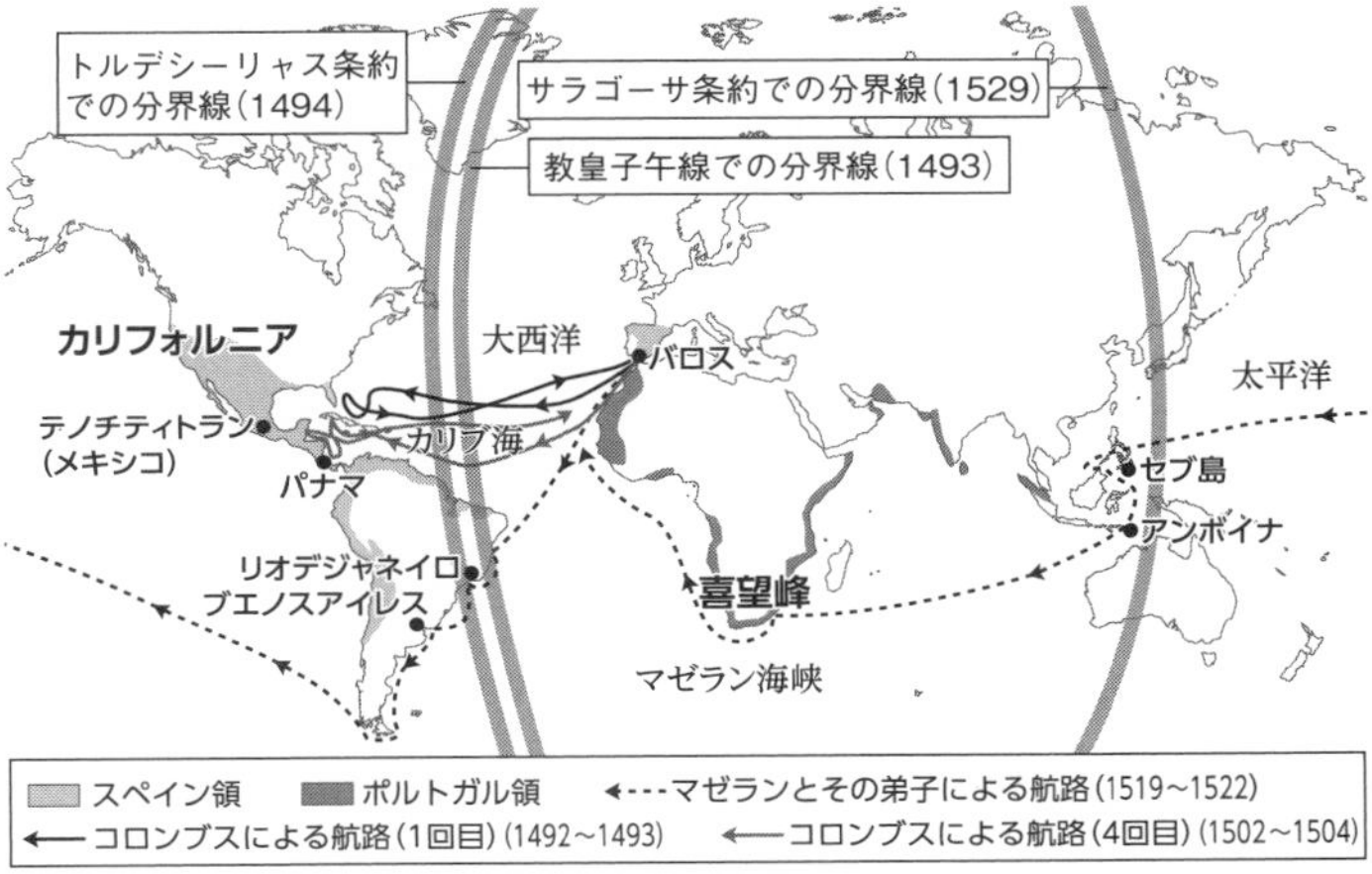

害したうえ、残った人を労働力として取り込みます。銀山も手に入れ、大量の銀を他国との貿易のために使用しました。

３つ目は、アジアです。もともと、大航海時代の船乗りたちはアジアをめざしており、フィリピンのマニラ市は、スペイン本国からもっとも遠い貿易の拠点となりました。アジアとの交易に参加したことで、中国の絹織物《きぬおりもの》や陶磁《とうじ》器《き》が手に入るようになりました。

同時に、幅広いスペインの海外勢力圏は、敵対するヨーロッパ諸国から攻撃される原因にもなりました。港などはオランダやフランス、イギリスに奪われることもありましたが、内陸の植民地は、ほぼスペイン領土のまま統治が続きました。

コロンブスの航海

大航海時代を代表する人物といえば、コロンブスです。イタリアのジェノヴァに生まれたとされるコロンブスは、インドや中国、そして日本にあるとされる黄金に興味をもち、アジアへの旅を決意します。

はじめ、ポルトガルのジョアン2世に支援を求めるも断られ、カスティーリャ王国のイサベル1世とアラゴン連合王国のフェルナンド2世にも支援を頼《たの》みましたが、なかなか認められませんでした。

しかし1492年になると、イサベル1世はコロンブスが航海するための支援を決定します。その際にコロンブスは、発見した土地を副王・提督《ていとく》の資格で自分のものにしてもよいとする「サンタフェ協定」をイサベル1世と結びました。

同年、コロンブスはインドをめざして1回目の航海へと出発し、サン・サルバドル島やイスパニョーラ島といった現在の西インド諸島にあたるカリブ海の島々にたどり着きます。そして、現地の人を「インディオ」と呼びました。

スペインに戻ったコロンブスは、新たな航海に出発します。しかし、目当てだった黄金を見つけられず、土地の開拓《かいたく》もできませんでした。

また、現地の統制がうまくいかなかったことにより、スペイン本国から派遣された役人に身柄《みがら》を拘束《こうそく》され、提督を解任されました。

それでもコロンブスは1502年に4回目の航海に出ました。現在のコスタリカ、パナマなどの大陸部に到着します。しかし、コロンブスはこれらの土地をインドであると主張しており、ヨーロッパ人にとって未知の大陸

に自分が到着したことを最期《さいご》まで認めませんでした。

こっちはスペイン、そっちはポルトガル

じつは、1回目のコロンブスの航海に関し、ポルトガルは自分たちの支配している領域に侵入されたと主張していました。新たな土地が発見されるたびに、もめることになるのを避けるため、スペインはローマ教皇アレクサンデル6世に調停《ちょうてい》を求めます。その結果、1493年に教皇子午線《きょうこうしごせん》という分界線《ぶんかいせん》（海外の領土を分ける境界線）が定められました。その線より東はポルトガル、西はスペインが土地を占有《せんゆう》する権利を得ます。

しかし、スペイン側に有利な条件だったため、ポルトガルはこれを不服として、スペイン北西部のトルデシーリャスでスペインとの交渉を開始しました。そして1494年、トルデシーリャス条約によって、ポルトガル側の領域が広くなるように分界線が決め直されました。

トルデシーリャス条約では東半球が対象にふくまれていなかったため、その後スペインとポルトガルは東南アジアのモルッカ諸島をめぐって争うことになりました。そこで

1529年、スペインとポルトガルはサラゴーサ条約を結びました。この条約は、アジアにおける分界線についての協定です。これにより、モルッカ諸島はポルトガルの領土となりました。

ひとつの国に、ふたりの王

スペイン王国では、アラゴン連合王国とカスティーリャ王国の間で統一的な法、統治制度、議会、貨幣や税などが存在せず、それらは両国で異なっていました。

イサベル1世とフェルナンド2世は、王権を強化するために国力で勝《まさ》るカスティーリャ王国を中心とした国づくりを行いましたが、体制を統一する意思はありませんでした。彼らはふたりの力は同等だと強調します。裁判は共同で行われ、法律などにはふたりが署名《しょめい》しました。

そのころ、日本では？

日本では下剋上《げこくじょう》の時代に突入していました。1495（明応《めいおう》4）年、伊勢宗瑞《いせそうずい》（北条早雲《ほうじょうそううん》）は大森藤頼《おおもりふじより》を討ち、小田原城《おだわらじょう》を奪います。以後、この城は大幅に拡張されて難攻不落の城となりました。しかし1590（天正《てんしょう》18）年、豊臣秀吉《とよとみひでよし》による小田原征伐《おだわらせいばつ》で陥落することになります。

また、イサベル1世とフェルナンド2世は宗教による統治を重視しました。1496年、ふたりはローマ教皇アレクサンデル6世から「カトリック王（両王）」という称号《しょうごう》を授かりました。カトリック両王は、貴族や聖職者よりも自分たちが強い力をもつ体制をつくっていきます。こうして、広大な16世紀のスペイン帝国の基盤《きばん》ができていきました。

不安定なフアナ

カトリック両王は外交関係を有利にするため、ひとり息子のフアンの妻を、ハプスブルク家から迎えていました。ハプスブルク家は当時、ネーデルラントをふくむ広い範囲を治める有力な王家でした。さらに4人の娘のうち次女のフアナを、ハプスブルク家出身の神聖ローマ皇帝マクシミリアン1世の息子フィリップに嫁《とつ》がせます。このとき、フィリップは18歳、フアナは17歳でした。ハプスブルク家とのふたつの婚姻により、スペインはヨーロッパにおいて勢力を拡大していきました。

ところが、フアナは精神が不安定になってしまいます。フィリップがスペインを野蛮《やばん》

フアナの家系図

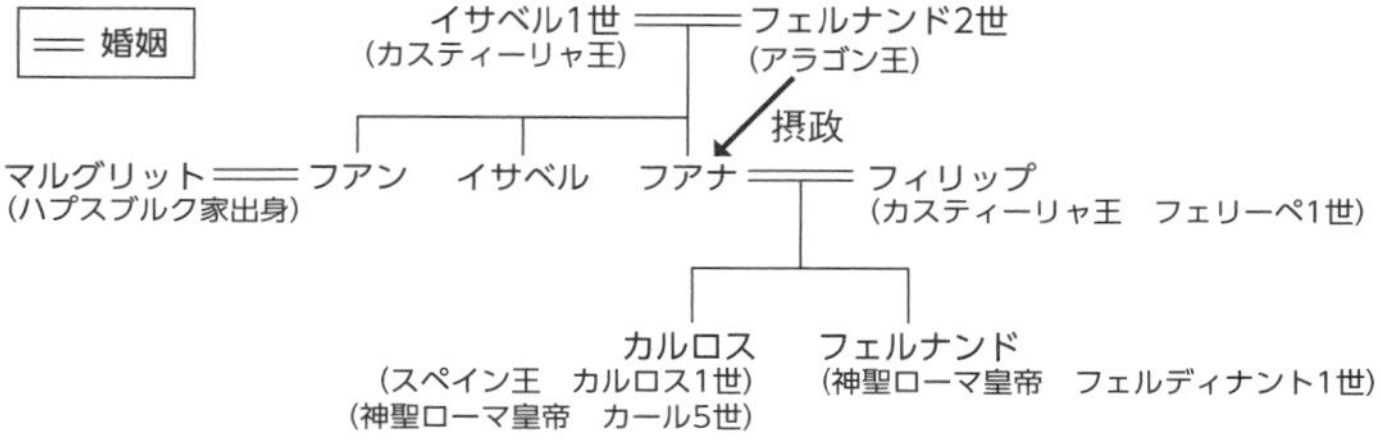

な国だと見下したり、女性問題を起こしたりしたからです。さらに兄のフアンが死去し、ポルトガルに嫁いでいた姉イサベルも亡くなりました。

1504年、母であるカスティーリャ女王イサベル1世が死去したため、カスティーリャの王位継承権がまわってきたフアナは、フアナ1世として即位します。しかし、心を病《や》んでいたため政治ができませんでした。そこで、代わりに父であるアラゴン王フェルナンド2世が摂政としてカスティーリャを統治することになります。

娘を閉じ込める

フィリップは、カスティーリャ王フェリーペ1世を名乗って妻フアナ1世とともに1506年4月にスペインへやってくると、フェルナンド2世の代わりにフアナ1世との共同統治を開始します。

フェリーペ1世は、ビリャファフィラ協定によってみずからの王位を認定させるとともに、フェルナンド2世をアラゴン連合王国に帰国させ、それまでスペインと敵対していたフランスと友好的な関係を築こうとします。

しかし、フェリーペ1世は1506年9月に急死し、ふたたび父のフェルナンド2世がファナの摂政としてカスティーリャの政治に復帰しました。

その間もファナの精神は回復しなかったため、フェルナンド2世は娘を幽閉《ゆうへい》します。ファナは、亡くなるまでの46年間をトルデシーリャスの城館で過ごしました。

エンコミエンダ制

スペインがアメリカ大陸を開拓していく際に大きな役割を果たしたのが、1503年に導入された「エンコミエンダ制」です。

エンコミエンダとは「委託《いたく》」という意味のインディオ使役《しえき》権です。植民者がアメリカ大陸の先住民であるインディオを奴隷にすることは禁止されますが、彼らの保護とキリスト教の布教を名目に、インディオの管理は植民者に委ねられていました。

これにより、インディオは奴隷ではないものの、現地での労働力としてあつかわれました。1512年には、新たに植民地とした領域を統治するためのブルゴス法が定められました。

エンコミエンダ制によってインディオを酷使《こくし》したことに対し、ドミニコ会のラス・カサスをはじめとする修道士《しゅうどうし》たちは、インディオの保護を王室に訴《うった》え続けていました。これを受けて、1542年には新たな法によってエンコミエンダ制の廃止が定められました。しかし、この法に反発したエンコミエンダ所有者は反乱を起こします。結局、エンコミエンダ制はその後も慣行《かんこう》として残りました。

17歳、初めてのスペイン

フェルナンド2世は1509年にフランス国王ルイ12世の姪《めい》と結婚しますが、子どもが生まれないまま1516年1月に亡くなりました。

他方、ファナにはふたりの息子がいました。フランドル（現在のフランスとベルギーにまたがる地方）で育てられた長男のカルロスと、カスティーリャで育てられた次男のフェルナンドです。

この年の3月、ブリュッセルでカルロスは、スペイン国王カルロス1世となることを宣言しました。約200年続くことになる、ハプスブルク朝スペインの始まりです。

翌年9月、即位したカルロスは17歳で初めて、母の故郷であるスペインを訪れました。カルロスにとって、スペインは異国の地です。彼は祖父母であるカトリック両王と会ったこともなく、スペイン語も話せませんでした。

その後、父方の祖父である神聖ローマ皇帝マクシミリアン1世が1519年に亡くなったあとに行われた神聖ローマ皇帝を選ぶ選挙で、カルロス1世は対立候補であるフランス国王フランソワ1世を抑え、カール5世として神聖ローマ皇帝を兼ねることになります。

そのころ、日本では？

1517（永正《えいしょう》14）年、毛利元就《もうりもとなり》は有田中井手《ありたなかいで》の戦いで武田《たけだ》元繁《もとしげ》を討《う》ち、初陣《ういじん》を飾《かざ》りました。元就はその後毛利家当主になると、大内氏や尼子《あまご》氏といった周辺の有力大名を次々と滅ぼし、安芸《あき》（現在の広島県）の一豪族の身から一代で中国地方のほとんどを支配する大名《だいみょう》になりました。

カルロス1世は神聖ローマ帝国の領土であるドイツやネーデルラント（現在のオランダ、ベルギー、ルクセンブルク）などを支配下に置き、ヨーロッパのほぼ全域にわたる覇権《はけん》を手にしました。これにより、ヨーロッパとアメリカ大陸にまたがるスペイン帝国の時代が幕を開けます。

新教徒の取り締まり

1517年、ドイツで宗教改革と呼ばれる大運動が起こりました。きっかけは、修道士のルターがカトリック教会を批判したことです。これによってキリスト教世界は大分裂し、やがて政治、経済、民族、文化などに大きな影響をおよぼしていきます。

カルロス1世の支配下にあったドイ

ツやネーデルラントにおいては、カトリック教会から分離した新教徒（プロテスタント）との対立がしだいに深まっていきました。

スペインにおいても、モリスコ（キリスト教に改宗した元イスラーム教徒）やコンベルソが、隠《かく》れイスラーム教徒や隠れユダヤ教徒ではないかという疑いをかけられ、異端審問所《しんもんしょ》で取り締まられていましたが、新教徒も対象に加えられます。このような異端審問所の働きによって、スペインの異端は壊滅していくことになります。

コルテスとピサロの遠征

コロンブスに続いてアメリカ大陸に渡り、香辛料や真珠《しんじゅ》、貴金属を追い求めた人々は多くいました。彼らはコンキスタドール（スペイン出身でアメリカ大陸を征服した探検家）と総称されます。なかでも有名なのはコルテスとピサロです。

コルテスは1518年から遠征を開始し、その過程でメキシコ内陸部に入り込んだところ、アステカ帝国にたどり着きました。彼は1521年にこの国を武力で征服し、さらに、マヤ文明の中心であったユカタン半島、グアテマラやホンジュラスにまで侵攻し

コルテスの遠征ルート

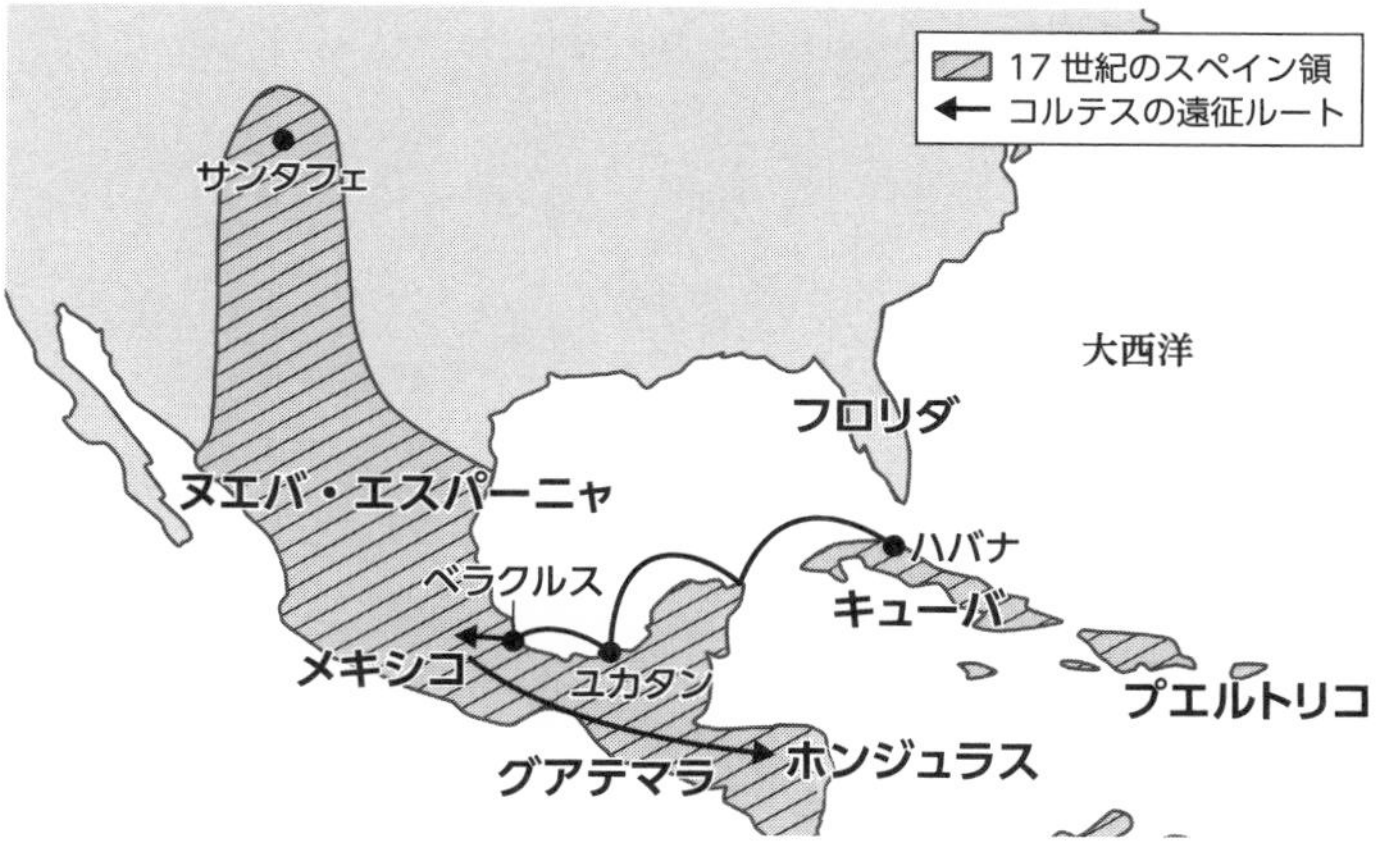

ます。

ピサロは1531年より、中米のパナマから南アメリカ大陸へと進軍していきました。そこで、現在のコロンビアからエクアドル、ペルー、ボリビア、チリ、アルゼンチンにまで広がっていたインカ帝国にたどり着きます。彼はインカ王アタワルパを殺害し、1533年にこの国を征服しました。

スペインは、現在のアルゼンチンを中心とするパンパ平原にも拠点を置きます。アメリカ大陸の植民地化は西に向かって進められ、現在のブラジルをのぞくほぼ全域がスペインの植民地となりました。

スペイン本国では1524年に、征服し

ピサロとその部下の遠征ルート

た領土を統治するためにインディアス会議が設《もう》けられ、ヌエバ・エスパーニャ（現在のメキシコ）とペルーに副王が置かれました。

銀山と強制労働

アメリカ大陸への進出により、インディアス交易が盛んになりました。春と秋の年2回、現地の特産品がスペイン本国へ運ばれました。特産品のなかにはタバコやコチニール（染色に利用する色素）などがありましたが、なかでも重要だったのが貴金属です。

１５４５年にペルー副王領のポトシ（現在のボリビア）で偶然、銀山が発見されたことで、銀が輸入品の中心となります。さらに１５５０年代以降、水銀を使って銀を採取するアマルガム法によって、莫大な量の銀が手に入るようになりました。

植民者は、自由に鉱山を採掘《さいくつ》する権利をスペイン本国に要求した結果、採れた鉱石の５分の１を本国に納《おさ》める代わりに、この権利を手に入れました。さらに植民者は、有償の強制労働制度であるミタ制によって、土地と先住民の労働力を与えられます。こうして、現地の先住民は、鉱山で強制労働をさせられるようになりました。

王政への反乱

カルロス１世は神聖ローマ皇帝カール５世にもなったことで、その支配力を強めていきました。

１５２０年、神聖ローマ皇帝位の戴冠《たいかん》のためにスペインを離れてドイツに旅立つと、選挙資金の返済などのため、上納金を納めるように臣民に命じました。これがカスティーリャ北部、中部の諸都市の反発を生みます。

こうして発生したコムネーロスの反乱（コムニダーデスの反乱）という民衆反乱では、

上納金の撤回《てっかい》と、神聖ローマ帝国よりもスペイン王国の利益を優先させることなどがカルロス1世に対して要求されました。

各地の貴族などは、反乱によって自分たちの利益が失われるのをおそれ、国王を支持します。1521年の4月、ビリャラールの戦いで、貴族が加わった国王軍は反乱軍を破り、指導者を処刑しました。

同じころ、バレンシアやマジョルカでも同様の反乱が起こりましたが、これらも鎮圧されました。

信仰の自由をめぐって

カルロス1世はキリスト教世界の守護者だと自認《じにん》しており、キリスト教世界をおびやかすイスラーム勢力や、教会を分裂させるルターの改革運動などに対抗していました。

1545年、ローマ教皇パウルス3世は、イタリアでトリエント（トレント）公会議を召集します。ここでは、聖書の解釈《かいしゃく》をもっとも重視するプロテスタントの考え方に対抗して、教会と信仰を切り離せないものとする、伝統的なカトリックの姿勢が再確認されました。しかし、プロテスタントの考えが広がるのを抑えきれなくなります。

その結果、1555年、ドイツで開かれた帝国議会におけるアウクスブルクの和議で「領土の属《ぞく》する者に宗教も属す」という原則が定められます。つまり、神聖ローマ帝国内の各領邦《りょうほう》の君主が、それぞれ自由に宗教を選ぶことができるようになったのです。

この和議によってプロテスタントのルター派も容認されることになり、ヨーロッパをカトリックによるひとつの帝国にするという、カルロス1世の望みは絶《た》たれてしまいました。

ただし、息子のフェリーペ2世は信仰の自由を認めようとせず、トリエント公会議で決められた原則を断固として守ろうとします。

そのころ、日本では？

1555（弘治《こうじ》元）年の日本は戦国時代の渦中《かちゅう》にありました。この年、武田信玄《たけだしんげん》と上杉謙信《うえすぎけんしん》が信濃《しなの》（長野県）の犀川《さいがわ》で激突した「川中島《かわなかじま》の戦い」（2回目）が起きています。また、「厳島《いつくしま》の戦い」で毛利元就《もうりもとなり》が陶晴賢《すえはるかた》に勝利し、安芸《あき》（広島県）の戦国大名としての地位を確立しました。

王はインドア派？

1556年、カルロス1世が退位し、神聖ローマ帝国の領邦と皇帝の地位を弟のフェルナンド（フェルディナント1世）に譲ります。そして息子のフェリーペ2世は、スペイン王として神聖ローマ帝国以外のすべての領土を継承しました。

神聖ローマ帝国の領土がなくても、スペインの領土はアメリカ大陸、アジアにもおよぶ広大なものでした。スペインの領土のどこかで必ず太陽が昇《のぼ》っていることから、「太陽の沈《しず》まない国」と呼ばれました。

フェリーペ2世は寡黙《かもく》な人物で、ほぼ執務《しつむ》

フェリーペ2世のころのヨーロッパ

室《しつ》から出ることはなかったといわれます。社交的な性格の父とは真逆で臣下とは距離をおきながら、首都マドリードの基盤《きばん》づくりを進めていきました。彼は、あまりスペイン王国から離れようとせず、話せる言語もスペイン語だけでした。

1563年にマドリード近郊にあるエル・エスコリアルに修道院でもある王宮《おうきゅう》の建設を始め、完成するとフェリーペ2世はそこで政務を行うようになりました。エル・エスコリアル宮殿は、当時の輝かしいスペインの象徴であり、現在は世界遺産となっています。

フェリーペ2世は、アメリカで多く採

掘されるようになった銀のおかげで、多くの傭兵をかかえるスペイン歩兵隊を組織し、ヨーロッパにおけるスペイン優位の時代を築いていきます。

彼の目標は、父と同じくカトリックによるヨーロッパ統一でした。

イタリア戦争での勝利

15世紀の終わりから、スペイン王家とフランス王家との間では、イタリアの領有をめぐる対立が続いていました。1557年、サン・カンタンの戦いでフェリーペ2世がフランスのアンリ2世に勝利したことで、スペインは優位に立ちます。

1559年にはイタリア戦争の最終的な講和条約として、カトー・カンブレジ条約が結ばれました。これによってフランスはイタリア進出を断念し、イタリア戦争の勝者はスペインとなります。

この戦争を受けて、西ヨーロッパの国々は大使（外交使節）を相手国内におくようになりました。また、どこか特定の国だけが突出《とっしゅつ》した力をもたないよう抑制しあうようになります。

レパントの海戦

16世紀のスペインは、地中海の覇《は》権《けん》をめぐってオスマン帝国と戦い続けていました。元海賊《かいぞく》のバルバロスが率いたことで有名なオスマン海軍は西地中海沿岸で勢力を強めており、多くの人々が奴隷として連れ去られました。

神聖ローマ帝国、ローマ教皇庁、ヴェネツィア共和国による神聖同盟の連合艦隊による抵抗もむなしく、1538年のプレヴェザの海戦でオスマン海軍に大敗してしまいました。

これにより、地中海はオスマン帝国の支配下に置かれました。

1570年には、オスマン帝国がヴェネツィア共和国からキプロス島を奪い、マルタ島を攻撃します。このとき、北アフリカ沿岸の中央部にあるチュニスを奪われたため、フェリーペ2世はオスマン帝国軍に戦いをしかけました。

翌年、スペインは教皇庁《きょうこうちょう》、ヴェネツィア共和国などと新たな神聖同盟を結びました。総司令官は、フェリーペ2世の腹ちがいの弟であるドン・ファン・デ・アウストリアが務めることになりました。

神聖同盟軍は戦いの準備を進め、7月にイタリア北西部のジェノヴァに合流します。8月にナポリの教会で出陣式を終えると、9月にはシチリア島のメッシーナに神聖同盟の艦隊が集結し、オスマン帝国軍との戦いに出撃します。

そのころ、日本では？

レパントの海戦があった1571（元亀《げんき》2）年、日本では織田信長が延暦寺《えんりやくじ》のある比叡山《ひえいざん》を焼き討ちしました。当時信長に対抗していた浅井《あざい》氏、朝倉《あさくら》氏を支援していた僧侶《そうりょ》（僧兵）が拠点としていた延暦寺を焼き払い、彼らの首をすべてはねたといわれています。

そして翌月、地中海のレパント湾で、神聖同盟艦隊とオスマン帝国艦隊が激突するレパントの海戦が始まりました。数時間の激戦のすえ、神聖同盟艦隊の圧勝で終わります。レパントの海戦の勝利は、スペインの最盛期を象徴するできごとといえます。

マニラ市の植民市化とガレオン貿易

大航海時代のスペイン帝国は、アフリカ、アメリカに続いてアジアへの進出もねらっていました。そんなスペインにとってもっとも遠い拠点となったのが、フィリピンのマニラ市です。マニラ市は、ロペス・デ・レガスピによって植民市化されました。

アジアとの交易には南米の植民地から得た銀が使われました。年に1回、ガレオン船と呼ばれる大型の帆船《はんせん》がマニラとメキシコのアカプルコの間を行き来し、アカプルコから西に渡るときにはグアム島が寄港地となりました。

ひみつコラム

スペインの画家

多くの巨匠が作品を残す

スペイン美術は、1830年代以降にヨーロッパ諸国で知られるようになります。自由主義改革によって貧《まず》しくなった修道院が大量の美術品を国外へ流出させたことで、伝統主義的なフランス絵画にはない神秘《しんぴ》性《せい》が注目されたためでした。

1541年にクレタ島で生まれたドメニコス・テオトコプロスは、「ギリシア人」を意味する「エル・グレコ」の名で知られています。彼の作品は「スペインのもっとも純粋な魂」と評され、描かれる人物の身体が長く引き伸ばされて、鮮《あざ》やかな色彩や天に立ち昇るような構図で、神々《こうごう》しさがあります。故郷のギリシアやイタリアの影響を受け、西洋絵画史におけるひとつの頂点ともなりました。

ベラスケスは1623年、24歳のときにフェリーペ4世の肖像《しょうぞう》を描き、宮廷《きゅうてい》画家として活躍します。宮廷でさまざまな名作に触《ふ》れた彼は、写実《しゃじつ》主義と明暗法にもとづく作風

●ゴヤ

●ベラスケス

●エル・グレコ

に古典的な表現を取り入れていきます。

ゴヤは、1789年に念願の宮廷画家に任命されます。病気で聴覚を失ったり、知識人と交流したりするなど、さまざまな人生経験を重ねながら、権威に隠された人間の本質をあぶり出していきます。1800年代には、戦時下で悲劇的な絵画を描き続けました。

20世紀になると、複数の視点を1枚の絵に集約させるキュビスムの手法を発明したピカソ、シュルレアリスム絵画の代表のダリ、独自の抽象的手法を追求したミロなどが登場しました。彼らがみなカタルーニャ出身者であることは、この地方の文化の独自性をものがたっているかもしれません。

知れば知るほどおもしろいスペインの偉人❸

数千人を処刑したとされる「大審問官」

トマス・デ・トルケマーダ

Tomás de Torquemada

（1420 ～ 1498）

スペイン異端審問制の初代長官

スペインの異端審問制は、1478年にローマ教皇シクストゥス4世からの認可を得て、カトリック両王によって導入されました。コンベルソのなかにひそむと考えられていた隠れユダヤ教徒の摘発《てきはつ》をはじめとして、カトリック信仰による臣民と国家の統一を徹底《てってい》しようとしたためです。

その初代長官を務めたのが、セゴビアのサンタ・クルス修道院院長やイサベル1世の聴罪師《ちょうざいし》を歴任していたドミニコ会士、トマス・デ・トルケマーダです。一説によると、彼は被告人に激しい拷問《ごうもん》を加え、数千人の火刑を行い、遺物も残さないようにすべてを燃やして灰《はい》も捨てたとされています。このような残虐《ざんぎゃく》なトルケマーダ像、またはスペイン異端審問像は、諸外国による反スペイン宣伝のなかで誇張《こちょう》され、ロシアの作家ドストエフスキーも『大審問官』のモデルにしたといわれています。

chapter 4

ハプスブルク家から ブルボン家へ

ネーデルラントとのいざこざ

現在のオランダ、ベルギーを中心とするネーデルラントは17の州から構成され、スペイン・ハプスブルク家の領土でしたが、アウクスブルクの和議の影響でカトリックによる統一が難しくなっていました。フェリーペ2世は、新教徒であるカルヴァン派を迫害しました。また、人々に重税を課《か》し、商工業の利益をスペイン本国のものにしていたため、ネーデルラントの人々は不満をもつようになりました。

こうしたなか、1566年にカルヴァン派によって、聖像《せいぞう》（イエス・キリストや聖母マリアの像）を破壊する運動が始まりました。この混乱をおさめるために、カスティーリャの大貴族であるアルバ公がネーデルラント総督として派遣されました。アルバ公は、フェリーペ2世の統治に反抗する貴族たちを処刑しました。

ネーデルラントの貴族たちは1568年に反乱を起こし、独立戦争（八十年戦争）が始まりました。この反乱を率いたのが、カルヴァン派を支持していたオラニエ公ウィレムです。

アルバ公の跡を継いだレケセンスは戦争の調停《ちょうてい》を図りましたが、うまくいかず、反乱軍が優勢と思われました。しかしその後、ドン・ファン・デ・アウストリアとパルマ公による戦局の巻き返しの結果、1579年にネーデルラント南部（現在のベルギーを中心とする地域）はアラス同盟を結成し、スペインと講和します。

一方、ネーデルラント北部にある7つの州（ホラント、ユトレヒト、ゼーラント、ヘルダーラント、オーファーアイセル、フリースラント、フローニンゲン）はこの年にユトレヒト同盟を結成し、独立戦争を継続します。現在のオランダにあたるこれらの州は1581年にフェリーペ2世の統治権を否定する宣言を発《はっ》しました。このできごとによってネーデルラント連邦共和国が建国されたとみなされています。このように独立戦争は、カルヴァン派の多いネーデルラント北部とカトリック信徒の多い南部で、異なる結末を迎えました。

日本との交易

大航海時代から、スペインとポルトガルの船は日本にも来航するようになっていました。スペインの貿易船は、1584年に長崎県の平戸《ひらど》に来航します。

日本ではスペイン人やポルトガル人のことを南蛮人《なんばんじん》と呼び、これらの国々との貿易を南蛮貿易といいました。スペインやポルトガルは、中国産の生糸《きいと》や絹織物、鉄砲《てっぽう》や火薬、皮革《ひかく》、鉄、鉛《なまり》、香料、毛織物などを日本に輸出しました。日本は銀を中心として、刀剣や漆器《しっき》、海産物などを輸出しました。

スペインはイエズス会のザビエルが日本を訪れたことをきっかけに、日本でのキリスト教（カトリック）の布教を進めます。

1587年、九州地方を支配しようとした豊臣秀吉は、長崎がイエズス会の土地になっていることを知り、キリスト教を危険視するようになります。秀吉はまず、大名のキリスト教への入信を許可制としました。その後、博多でバテレン追放令を発して、キリスト教の宣教師に20日以内の国外退去《たいきょ》を命じます。

バテレン（伴天連）とは、キリスト教の宣教師のことで、ポルトガル語の「パードレ」がなまったものです。

しかし、キリスト教の布教と貿易は別のものとみなされたため、追放令が出されたあとも日本は南蛮貿易を継続します。それにともなって、宣教師の一部が日本にとどまり布教を続けるなど、追放令は徹底《てってい》されませんでした。

スペインと日本との貿易は、江戸時代初期まで続きました。しかし江戸幕府は、キリスト教対策のためには海外との貿易の統制が必要であると考えます。そこで、1624年にスペイン船の来航が禁止され、スペインとの貿易は終わりました。

財政難は終わらない

スペインは、1580年にポルトガルを同君連合として編入しました。その結果、ポルトガルの領土であるアジアやブラジルにまで支配を広げましたが、その裏では多額の借金を抱えていました。スペインの財政難はフェリーペ2世の父カルロス1世の代から続いていたのです。

スペインはこうした国家の財政難に対し、返済期限の長い公債《こうさい》（政府が税収の不足を補《おぎな》うために発行する債券《さいけん》）の発行や、イタリアやドイツの金融業者からの借《か》り入《い》れなどで補っていました。しかし、借金の利息がかさんだため、フェリーペ2世は1557年に最初の破産宣言を行い、国庫からの支払いを停止します。ほとんどの債務を、さらに返済期限の長い公債に切りかえて、利息の支払いを抑制しました。それでも財政は好転せず、1560年にも破産を宣言します。

その後も、ネーデルラントの独立戦争やフランスのユグノー戦争（カトリック信徒とユグノーと呼ばれるカルヴァン派との宗教戦争）への介入などの出費、1588年のイングランドとのアルマダの海戦への出費も加わって、1596年にも破産が宣言されました。また、ミリョネス税（肉、油、酢、ワインに課された売上税）などの増税で国の損失《そんしつ》を補おうとした結果、臣民にも大きな負担を強いることになりました。

無敵艦隊、敗北

ネーデルラント北部の7州がスペインによる支配を否定すると、イングランドのエリザベス1世はこれらを支援します。さらに、民間船に私掠免許《しりゃくめんきょ》を与えてスペイン船やスペインの領土への略奪《りゃくだつ》を行わせたため、スペインはイギリスに対抗する必要がありました。

　そこでフェリーペ2世は、約130隻《せき》の戦艦からなる艦隊、通称「無敵艦隊《むてきかんたい》（アルマダ）」を、イギリスに向かわせます。

　1588年、リスボンを出港した無敵艦隊は、イングランドとフランスの間にあるドーヴァー海峡で、イングランド艦隊の迎撃を受けました。無敵艦隊は、100隻に満たないながらも機動力に勝るイングランド艦隊からの砲撃に加え、退却《たいきゃく》中の嵐によって大損害を受けました。

その後、スペインは艦隊の立て直しに成功しますが、制海権（一定の海域における軍事的な支配権）を徐々に失っていくことになります。

お気に入りの臣下に任せる

フェリーペ2世による治世《ちせい》の終盤、対外戦争の失敗や国内の手工業の衰退などでスペインは弱体化しはじめます。こうしたなかでもフェリーペ2世は国王として使命感を失わず、死の直前まで政務を行いました。

1598年9月、フェリーペ2世はエル・エスコリアル宮殿で死去しました。後継者として即位したフェリーペ3世は、4番目の妻である神聖ローマ皇帝マクシミリアン2世の娘アンナとの間に生まれた子でした。

フェリーペ3世は父と違って政治に関心が薄く、国政を寵臣《ちょうしん》（お気に入りの臣下）たちに任せます。これが、17世紀のスペインの政治の特徴とされる寵臣制です。

寵臣のひとりレルマ公は、外交では、1609年にオランダと12年間の休戦協定を結ぶなど、和平策で貢献します。一方、国内では1609年から1614年の間に約30万

17世紀のフランス王家との関係

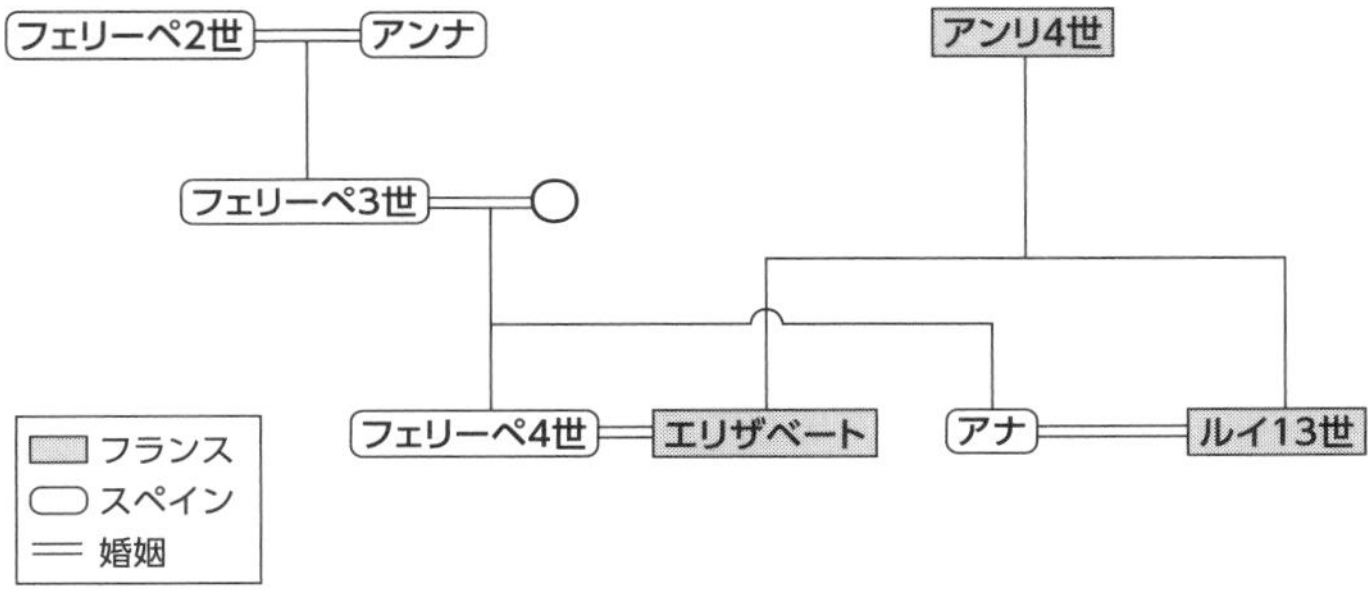

人のモリスコを国外に追放しました。バレンシアやアラゴンでは高い技術をもつ多くのモリスコ農民を失い、経済は大きな打撃を受けました。

17世紀に入っても、スペインとフランスの対立は続きます。しかしレルマ公は、1611年のフランスとの協定にもとづいて、1615年にフランス王ルイ13世のもとにフェリーペ3世の娘のアナを、フェリーペ3世の王子フェリーペ（のちのフェリーペ4世）のもとにアンリ4世（ルイ13世の父）の娘のエリザベートを嫁がせます。こうしてフランスとの関係が改善されました。

農業の危機

スペインの農業は、もともと農業技術が低かったため、生産性が低いという問題点を抱えており、17世紀に入るとさらに農村の荒廃《こうはい》が進みます。ヨーロッパ全体で人口が減少し、景気が大きく後退した影響で、農民が耕作地を放棄したり村を離れたりしたためです。

このことは、大きな食糧危機《しょくりょうきき》をもたらしました。とくにカスティーリャにある穀倉地《こくそう》帯のティエラ・デ・カンポスでは、1580年と1640年を比較すると、小麦の生産の約4割が減少したとされています。これに加えて、日雇《ひやと》いの農民が大幅に増加して、彼らは悲惨《ひさん》な生活を送るようになりました。

オリバーレス伯公の行政改革

フェリーペ3世が亡くなったあと、即位したフェリーペ4世は、寵臣のオリバーレス伯公に国政を任せました。

オリバーレス伯公は、国際社会におけるスペインの優位性を維持するための改革を開始します。まず、行政面では中央集権化が図られました。カトリック両王の時代以来、スペインを構成していたカスティーリャ王国とアラゴン連合王国は、それぞれ別の政体をもっていました。オリバーレス伯公は、これをカスティーリャの形式で統一しようとしたのです。

また、体制の引き締めを図り、官僚が私腹《しふく》を肥《こ》やさないようにチェックしたほか、ぜいたく品の禁止、劇場や売春宿の閉鎖なども行いました。

財政面では、官僚の削減による人件費の削減や緊縮財政策が取り入れられます。

対外的には軍事力を強化します。1620年に参戦した三十年戦争への介入を強め、ネーデルラント独立戦争の休戦協定を更新せずに1621年から北部7州との戦争を再開しました。こうしたなか、オリバーレス伯公は「軍隊統合計画」という、スペインのすべての地域からの徴兵案を打ち出しました。

1635年からは、新教徒側を支援して三十年戦争に介

そのころ、日本では？

徳川家光は1635（寛永《かんえい》12）年に武家諸法度《ぶけしよはつと》を改正し、参勤交代の義務化と大船建造の禁を定めました。また、寺社奉行《ぶぎよう》を設置するなど、統治制度を着々《ちやくちやく》と整えていきました。これにより諸大名への統制が強化され、江戸時代265年の泰平《たいへい》の世の基礎《きそ》が築かれます。

入したフランスとの戦争も始めました。

フランスはカトリックの国でしたが、ルイ13世治世下の宰相《さいしょう》リシュリューは、オーストリアとスペインのハプスブルク家が優勢になることを恐れたため、三十年戦争には新教徒側で参戦しました。

フランドルやフランス北部でスペインが勝利しますが、1643年のロクロワの戦いでは無敵とされていたスペイン歩兵隊がフランス軍に敗れました。

カタルーニャの反乱

カタルーニャでは、「軍隊統合計画」をはじめとするオリバーレスの政策への不満が高まっていました。これを背景として、カタルーニャ領内にとどまっていたスペイン国王軍（カスティーリャ軍）の略奪に激怒《げきど》した地元の農民が、1640年6月にバルセロナで暴動を起こしました（収穫人戦争）。その結果、国王の代理であった副王は殺害されます。

この事件をきっかけに、ジャナラリターを構成する貴族ら特権身分層をふくめた住民による反乱が始まりました。

特権身分層は、10月にフランスと防衛協定を結んでスペインからの離脱を図り、1641年にはフランス王ルイ13世をバルセロナ伯とします。

しかし、フランス軍の略奪に対する反発が強まったうえ、戦争による疲弊《ひへい》や疫病の流行などが加わり、住民は戦争を嫌がるようになりました。このため、1652年にバルセロナはスペインに降伏し、反乱は終わりました。

ふたつの戦争の終わり

1618年に始まった三十年戦争は長期化しましたが、1648年にウェストファリア条約が成立して終結しました。この条約により、ネーデルラント連邦共和国の独立が国際的に承認されることになります。

一方、フランスとの戦争は三十年戦争が終わったあとも続いていましたが、1658年のダンケルクの戦い（砂丘《さきゅう》の戦い）でフランス軍に敗れたのをきっかけに、1659年のピレネー条約で和平が成立します。

この条約で、スペインはフランスとの国境付近のルション（ルサリョー）とセルダーニュ（サルダーニャ）の半分などを割譲《かつじょう》しました。また、フェリーペ4世の娘マリア・テレサとフランス王ルイ14世の結婚も取り決められ、フランスはスペインに多額の自参《じさん》金《きん》を要求しました。スペインはこれに同意しましたが、支払うことはできませんでした。

ポルトガルの独立

1580年以来、ポルトガルはスペインを構成する一部でした。しかし、1640年にカタルーニャで反乱が起こると、これを鎮圧するために出兵を命じられたことに反発したポルトガルは、ブラガンサ公を国王ジョアン4世として迎え、スペインからの独立を宣言します。カタルーニャの反乱やフランスとの戦争の最中だったスペインは、ポルトガルの問題にも対処しなければならなくなりました。

スペインからの攻勢にあえぐポルトガルは、1650年から戦争状態にあったイギリスに植民地貿易を開放するなどの譲歩《じょうほ》をして和約を成立させ、その支援を引き出すことに成功しました。

減っていくスペインの領土

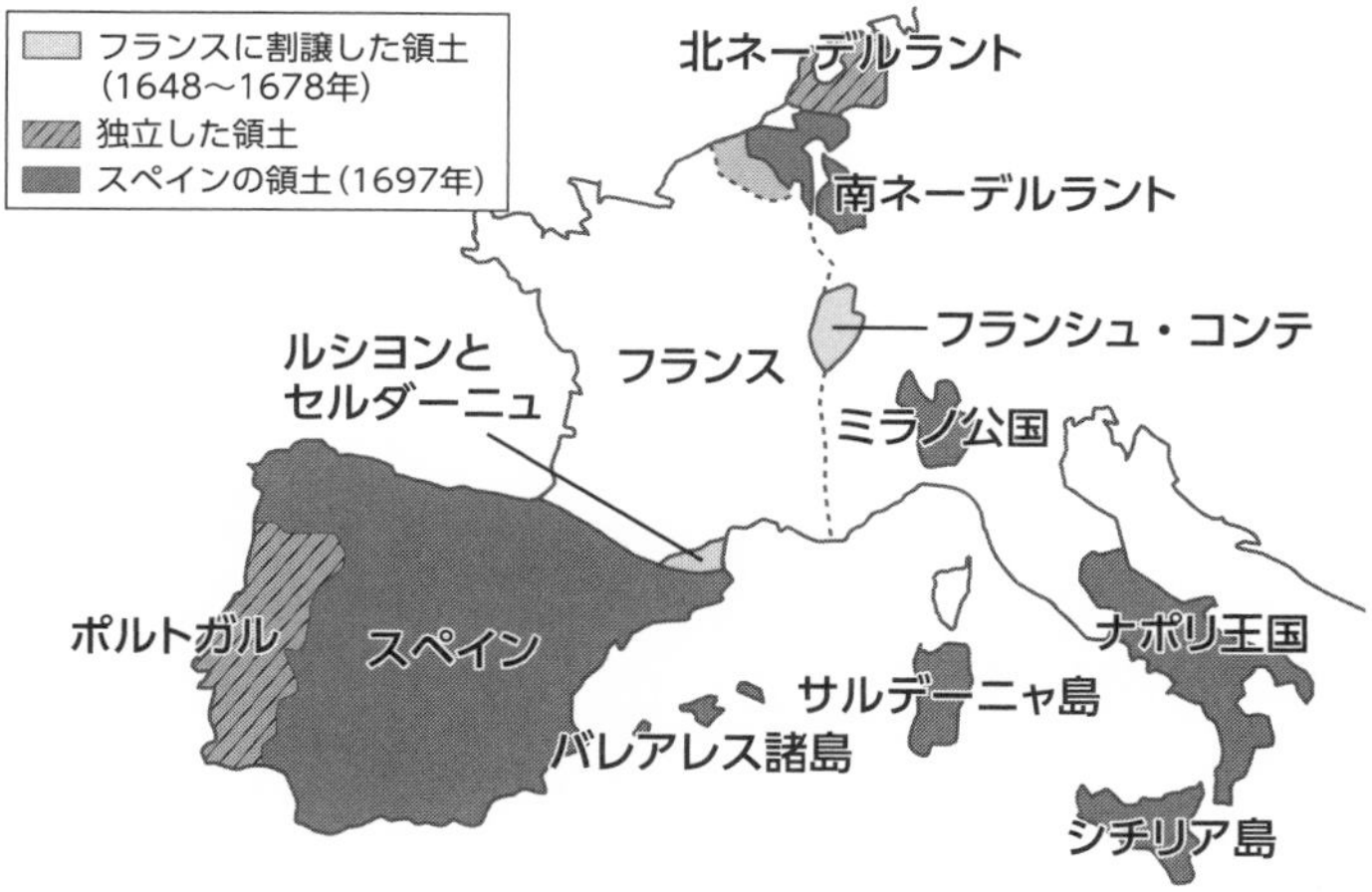

独立戦争はジョアン4世の次のアフォンソ6世の代まで続きましたが、イギリスの仲介によって1668年にリスボン条約が成立し、独立が達成されます。ポルトガルの独立を承認したことで、スペインはブラジルなども失います。

スペインを継ぐのは誰だ?

ルイ14世のフランスは、フェリーペ4世の時代からスペインに戦争をしかけ続け、スペインの領土を奪い、圧力をかけ続けていました。フェリーペ4世の跡を継いで国王になったカルロス2世の時代においても、それは同様でした。

カルロス2世は生まれつき病弱で、跡継ぎを残せない体だったため、生前から次の国王を誰にすべきか論じられていました。当初はオーストリア・ハプスブルク家のヨーゼフ・フェルディナントが次の国王になる予定でしたが、1699年に亡くなってしまいます。こうしたなか、1700年にカルロス2世が亡くなり、スペイン・ハプスブルク家はついに断絶します。カルロス2世は「ルイ14世の孫であるブルボン家のフィリップを後継者に指名する」と遺言《ゆいごん》しており、フィリップがフランスの王位継承権を放棄することを条件に、この遺言は受け入れられました。

ところが、フィリップが実際にスペイン国王フェリーペ5世に即位すると、ルイ14世はフィリップがフランス王位も継承する可能性を匂《にお》わせます。オーストリア・ハプスブルク家はこれに反発し、神聖ローマ皇帝ヨーゼフ1世の弟カール大公は、自分こそが正統なスペイン国王カルロス3世であると主張します。イングランド、ネーデルラント、ポルトガルは、ヨーロッパ各国の間で勢力のバランスを保つという観点から、カール大公を支持し、「大同盟」を結成しました。

こうして、1701年にスペイン継承戦争が始まりました。この戦争は、ヨーロッパ

スペイン継承戦争後のヨーロッパ

諸国を巻き込んだ国際戦争であると同時に、スペイン国内における内戦としての様相《ようそう》も呈《てい》しました。アラゴン、カタルーニャ、バレンシアはカール大公を、それ以外のカスティーリャなどはフィリップを支持します。

国際戦争としては大同盟側が優勢でしたが、スペイン国内ではフィリップ側が戦闘を優位に進め、1707年にアラゴンとバレンシアが降伏しました。

転機となったのは1711年でした。ヨーゼフ1世が亡くなると、カール大公がカール6世として神聖ローマ皇帝に選出されます。カール6世がスペイン王位を兼ねることでヨーロッパの勢力バランスが崩《くず》れると考えたイギリスは、フィリップ側との講和を望むようになりました。

その結果、1713年のユトレヒト条約でスペイン国内の戦闘の、1714年のラシュタット条約で国際戦争の講和が結ばれます。フィリップはフランス王位を継承しないという条件でスペイン国王として承認され、現在のスペイン王家でもあるスペイン・ブルボン家が始まります。

スペインは、地中海沿岸の海上交通において重要なジブラルタルとメノルカ島をイギリスに割譲し、南ネーデルラント、ミラノ公国、ナポリ王国、サルデーニャ島を神聖ローマ帝国に割譲しました。1714年9月11日には、カタルーニャのなかでも最後まで抵抗を続けていたバルセロナが陥落し、実質的にスペイン継承戦争は終わりました。

戦後、スペイン国王フェリーペ5世は中央集権化を目的とする「新組織王令」を発しました。戦争で自分に反抗したアラゴン、バレンシア、そしてとくにカタルーニャの地方特権（フエロス）を廃止することで、地域ごとに制度や慣習がバラバラだったそれまでの体制を解体し、カスティーリャ式への統一を強行したのです。

フランスに付きあう

１７３３年にポーランド国王アウグスト2世が死去すると、ポーランド継承戦争が起こります。スペインはフランスとともに、フランス王ルイ15世の王妃《おうひ》の父であるスタニスワフ・レシチンスキを支持しました。この戦争は、アウグスト2世の息子アウグスト3世がポーランド王となることで終結し、１７３８年にウィーン条約が結ばれます。スペインはナポリ、シチリアを獲得しましたが、パルマ、ピアチェンツァをオーストリアに割譲しました。

１７４０年のオーストリア継承戦争においても、スペインはフランスとともに参戦します。この戦争は１７４８年のアーヘン条約による講和で終結し、スペインは交戦国のオーストリアから、ポーランド継承戦争で割譲したパルマ、ピアチェンツァなどを取りもどします。

北米大陸では、１７５４年からイギリスとフランスとの間で植民地をめぐって戦争が始まりました（フレンチ・インディアン戦争）。スペインは１７６１年からフランス側で参戦しますが、イギリスから攻撃され、キューバなどを占領されます。戦争はイギリスの優勢で進みました。

この戦争と並行して、フランスは１７５６年から七年戦争も戦っていました。この戦争でもスペインはフランス側で参戦し、１７６２年にはフランスとともにポルトガルへ侵攻しますが、イギリスなどの支援を受けたポルトガルに撃退されました。

結局、フランスはフレンチ・インディアン戦争などの植民地での戦争にも敗れ、１７６３年にイギリス、スペインとパリ条約を結びます。この条約により、スペインはイギリスからキューバを返還されますが、北米のフロリダをイギリスに割譲し、アメリカ大陸の植民地における権益を譲渡しました。また、フランスからは北米のルイジアナのミシシッピ川より西側を獲得します。

啓蒙的改革

フェリーペ５世から王位を継いだフェルナンド６世は、軍の強化、財政の改革、文化の振興《しんこう》など、さまざまに辣腕《らつわん》をふるいました。彼の死後、1759年に王位を継承したのがカルロス3世です。すでにナポリ王カルロ7世であった彼は、啓蒙《けいもう》思想（理性と合理主義を説く思想）の影響を受けて、さまざまな改革を進めました。

まず農業では、とくにスペイン中央部や南部の借地《しゃくち》農民（地主から土地を借りている農民）の身分を安定させるため、彼らを独立自営農民（耕地と家畜を所有してみずから経済活動を行う農民）に変えることを試みました。

この試みは、旧来の農地において地主からの反発を受けたため失敗に終わりましたが、開拓《かいたく》事業が進められた新しい定住地域では一定の成果を得ました。

工業については、旧来のギルドは自由競争を阻害《そがい》するとして批判を浴びていま

したが、これを解体せず、代わりにギルドを排除する形で特産品の製造を保護する政策をとります。織物製造業では紡績《ぼうせき》（糸をつむぐこと）を農村の人々に任せることで、工業を活性化しつつ農家の収入を増やそうとしました。そのため、とくにカタルーニャでは、綿工業が発展しました。

貿易面では、財政難のため関税の引き下げが難しかったことや、イギリスなど外国製品との価格競争を理由に、保護貿易が維持されました。代わりに、ラテンアメリカとの間では貿易の自由化が進められました。

このような産業の改革に加えて、社会福祉や教育、とくに初等教育の重要性が論じられるなど、民衆層の生活・文化水準の底上げが図られました。

しかし、スペイン王権による諸改革は、あくまで絶対王政の強化と安定のためのものでした。また、政治と宗教との関係にメスが入れられることもありませんでした。スペインにおいて、王権とは教会権力そのものであり、王権は国内のあらゆる教会を従属《じゅうぞく》させようとしました。

そのため、スペイン王権よりもローマ教皇庁が優越するという思想をもつイエズス会はスペインから追放されました。

フロリダを取りもどす

北米大陸では、1775年からアメリカ独立戦争が始まり、翌年アメリカは独立を宣言します。1778年にはアメリカとフランスの同盟が成立し、1781年のヨークタウンの戦いでの勝利を経て、1783年のパリ条約で独立が達成されました。

スペインは1779年からアメリカ側で参戦し、スペイン継承戦争でイギリスに奪われたジブラルタルをフランスとともに包囲するなど、イギリスに打撃を与えます。

パリ条約が結ばれると、イギリスはフランス、スペインとヴェルサイユ平和条約を結び、スペインはスペイン継承戦争で奪われていたメノルカ島や、七年戦争で割譲したフロリダを取りもどしました。

ラテンアメリカでの動き

ラテンアメリカでは、スペイン人による酷使やヨーロッパからもち込まれた疫病によって、先住民であるインディオの人口が激減していました。労働力不足を補うため、アフリカ大陸から黒人奴隷が輸入されるようになります。黒人奴隷は、主に鉱山や大規模農園で働かされました。

こうして、ラテンアメリカの植民地では、白人、インディオ、黒人とそれらの混血《こんけつ》であるメスティーソ（白人とインディオ）、ムラート（白人と黒人）、サンボ（インディオと黒人）などからなる複雑な社会が形成されていきます。

18世紀後半に入ると、スペイン本国はラテンアメリカ地域への支配を強めました。これに対して、ラテンアメリカの住民は不満をもち、大規模な反乱が起こるようになります。1780年、インカ帝国最後の皇帝トゥパク・アマルの末裔《まつえい》トゥパク・アマル2世が反乱を起こしました。この反乱は、現在のペルーからコロンビア、ベネズエラ、ボリビア、アルゼンチンにまで広がり、スペインによる支配体制が不安定になりました。

1781年には、アメリカ独立戦争参戦のための増税に不満をもったクリオーリョ（ラテンアメリカ生まれの白人）の商人を中心に、ヌエバ・グラナダ副王領（現在のコロンビア）で民衆による反乱も起こっています。

フランス革命、起こる

カルロス3世の息子であるカルロス4世が国王のとき、1789年にフランス革命が起こりました。

カルロス4世の側近である宰相ゴドイは、フランス王ルイ16世を救出しようとしましたが、ルイ16世は1793年1月に処刑されてしまいます。

スペインはイギリスが提唱した第一次対仏大同盟に参加しました。1793年からのフランスとの戦争では、バスクとカタルーニャが主な戦場となりました。

この戦争はスペインにとって財政的な負担となります。そのため、フランスで国民公会に代わり総裁政府が成立すると、スペインはフランスに歩み寄る政策をとりました。1795年のバーゼル平和条約によって、スペインとフラ

そのころ、日本では？

スペインがフランスと戦っていた1794（寛政《かんせい》6）年、日本では浮世絵師《うきよえし》の東洲斎写楽《とうしゆうさいしやらく》が突如《とつじょ》出現し、個性的な役者絵などを発表しました。しかし、写楽はわずか10カ月の活動のあと、姿を消してしまいます。その正体については、今もさまざまな説が唱《とな》えられています。

ンスの間でふたたび和平が成立することになりました。

ゴドイへの不満が爆発

その後、ゴドイは1799年にフランスの政権を掌握《しょうあく》したナポレオンと歩調を合わせます。これが原因で、スペインはイギリスと敵対することになりました。さらにナポレオンは、1804年に国民投票でフランス皇帝ナポレオン1世として即位します。

これに対し、イギリスは第三次対仏大同盟を結成しました。ナポレオンはイギリス本土を攻撃するため、同盟国のスペインとの連合艦隊をイギリスに向かわせます。しかし1805年、トラファルガー沖の海戦でネルソン提督率いるイギリス艦隊に敗れました。

その結果、18世紀なかばから再建が進められてきたスペインの艦隊は壊滅したため、海路が遮断《しゃだん》され、ラテンアメリカとの貿易が途絶えてしまいました。

こうしたなか、ナポレオンは1806年に大陸封鎖令を出し、ヨーロッパ諸国にイギリスとの通商を禁じることで、イギリスを孤立させようとします。そして、大陸封鎖の邪魔になるイギリスの同盟国ポルトガルを征服しようと考えました。

フランスは軍がポルトガルへ行くためにスペインを通過できるようにすることを要求します。ゴドイは１８０７年に結ばれたフォンテーヌブローの密約《みつやく》を受け入れました。その見返りにポルトガルの一部を得る約束を取り付けたのです。

ところがナポレオンは、フランス軍を通過させるだけでなく、スペインにフランス軍を駐留《ちゅうりゅう》させます。このことはスペインの民衆の怒りを買いました。さらに、のちのフェルナンド7世を中心に、ゴドイを嫌う貴族たちが民衆をけしかけたため、１８０８年3月に首都マドリードにほど近いスペイン中央部のアランフエスで、ゴドイに対する暴動が起こります。

これを受けて、ゴドイは失脚し、カルロス4世も退位しました。

ひみつコラム

スペインの国旗、国章、国歌

歴史が色濃く反映されたデザイン

スペインの国旗には、その歴史が色濃く表されています。１７８５年の海軍旗が由来となっており、１９８１年に制定されました。黄色（金色）と、その上下を挟む赤色から成り立っています。黄色は６世紀ころの西ゴート王の勇敢《ゆうかん》さをたたえる色であり、赤色はスペインを守るためにスペイン人が流した血を表しているといわれています。

中央左にある国章は、古いイベリア半島の５つの王国の紋章（盾《たて》）によって構成されており、それぞれ「城」「王冠《おうかん》をかぶったライオン」「黄色地に赤色の４本の縦縞《たてじま》」「チェーン状の十字」「ザクロの果実と葉」が描かれています。

また、中央にある「３つのアヤメ」はブルボン家を表しています。これらの上と右脇の柱にある冠はスペイン王のもので君主制を表しており、左脇の柱にある冠は神聖ローマ皇帝のものです。２本の柱に巻きつけられた赤いリボンには、ラテン語で「Plus

●国旗
「血と金の旗」ともいわれる。

●国章
左右2本の柱はヘラクレスの柱と呼ばれる。

Ultra（さらに彼方へ）」と書かれています。これは、カルロス1世に始まるスペイン帝国の拡大を象徴しています。

　スペインの国歌である『国王行進曲』には歌詞がありません。この曲はもともと『擲弾《てきだん》兵《へい》（近世ヨーロッパ陸軍における歩兵の精鋭）行進曲』と呼ばれ、18世紀なかばに王室の公式行事で演奏されていました。

　正式にスペイン国歌として採用されたのはごく最近のことで、1997年です。20世紀初頭のアルフォンソ13世の時代や、その後のフランコ独裁体制の時代には独自の歌詞がつけられたほか、別の歌が国歌とされたこともありましたが、現在では歌詞のないものが正式とされています。

知れば知るほどおもしろいスペインの偉人❹

名作『ドン・キホーテ』産みの親

ミゲル・デ・セルバンテス

Miguel de Cervantes

（1547～1616）

近代小説の原点を産んだ

セルバンテスは、貧しい外科医の父のもとに生まれ、1569年にイタリアで兵士になります。彼は、レパントの海戦で活躍した際に受けた傷を生涯の誇《ほこ》りにしたそうです。1575年にオスマン帝国の海賊に捕らえられて捕《ほ》虜《りょ》となったあと、1580年に釈放されました。そして1585年に小説『ラ・ガラテア』を出版しました。続いて戯曲も書きましたが、これらの作品は評価を得るには至《いた》りませんでした。

しかし、1605年に『ドン・キホーテ』（前編）が出版されると大評判となり、1615年には第2部（後編）も発表されます。この作品は最初の近代小説として今も世界中で愛され続けており、聖書に次ぐ発行部数を誇るともいわれます。老いた騎士がときに挫折しながらも自分の理想を追い求めて旅をするストーリーには、作者であるセルバンテス自身の人生が反映されているかのようです。

chapter 5

反乱と独立の19世紀

ボナパルト朝の成立

1808年のゴドイの政治に反対する暴動をきっかけに、スペインではカルロス4世を退位させた息子のフェルナンドが、フェルナンド7世として即位しました。

この事件のしらせを受けたナポレオンは、カルロス4世親子をバイヨンヌ（スペイン国境に近いフランス南西部）に呼び寄せました。そしてカルロス4世親子に王位を放棄するよう強要します。

1808年5月2日、スペインの他の王族もフランスに出発させられることになると、それを阻止しようとする群衆が宮廷の前に集まり、フランス軍と衝突しました。

しかし、こうした抵抗はフランス軍によって鎮圧され、5月3日にかけて数百人が銃殺されました。この光景は、スペインの画家ゴヤの有名な絵画『マドリード、1808年5月3日』として残されています。

ナポレオンは兄のジョゼフをホセ1世として即位させ、バイヨンヌにスペインの議会を召集します。そしてフランスがつくったバイヨンヌ憲法を授け、ボナパルト朝の成立を承認させたのでした。

こうして、スペインにはホセ1世を国王として、穏健《おんけん》な自由主義改革をめざす親仏政権が成立します。ところが、多くのスペイン人はホセ1世を国王と認めませんでした。その結果、スペイン独立戦争と呼ばれる反ナポレオン戦争が展開されることになります。

VSナポレオン

スペインはフランスの侵攻に抵抗し、独立戦争を展開します。フランスの支配をまぬかれた地域では、抵抗組織として地区評議会が結成され、やがて地方ごとにまとめられて地方評議会が組織されました。

そして1808年9月には、地方評議会の代表で

構成される最高中央評議会が、アランフエスで結成されます。この最高中央評議会が、ホセ1世の親仏政権に対抗する政府として機能するようになりました。

最高中央評議会には絶対王政の再建をめざす貴族や聖職者、古い支配体制からの脱《だっ》却《きゃく》と議会政治を求める知識人やブルジョワジーといった自由主義者など、さまざまな立場の人々が参加しました。彼らの共通の目的は、フェルナンド7世を国王として帰国させることでした。

独立戦争は、イギリスやポルトガルとの同盟の効果もあって、評議会側が有利に進めました。スペインの人々の抵抗運動により、ホセ1世は一時、首都マドリードから退避したのです。しかし、ナポレオンがスペインに遠征してくると形勢は逆転します。彼は1808年12月にマドリードを占領して、ホセ1世をマドリードに帰還させました。

ナポレオン自身は1809年1月にフランスへ戻りますが、この年の初めから1811年の末までに、フランス軍はスペインの主要な都市を占領していきました。

ただし、フランス軍は各地の民衆が展開したゲリラ戦に悩《なや》まされ、ボナパルト朝はスペイン全土の支配は最後までできませんでした。

近代的な議会の成立

フランス軍による攻撃が激しくなると、最高中央評議会はアランフエスからスペイン南西部のセビーリャ、さらに南にある港湾都市カディスへと逃げ続けます。

1809年10月、最高中央評議会は議会の召集を呼びかけますが、戦況が悪化し、戦争を指導する能力に欠けていることが明らかになったため、1810年の初めに権限を5人からなる摂政会議に譲り、議会を開催する前に解散しました。摂政会議は、1810年9月にカディスで臨時王国議会を開催します。このカディス議会が、スペイン初の近代的な議会となりました。議員たちは各地域から選ばれるはずでした。

しかし、フランス軍に占領されている地域では、実際に議員を選ぶのが困難でした。そこで、各地からカディスに避難していた各地域の出身者が議員の代行として参加することになります。議会の主導権を握ったのは、弁護士、知識人、貴族、聖職者、商人などさまざまな職業の自由主義者でした。ただし、議員の3分の1を聖職者が占め、農民や職人はまったく議員にふくまれないなど、保守的な面もありました。

独立戦争のころのスペイン

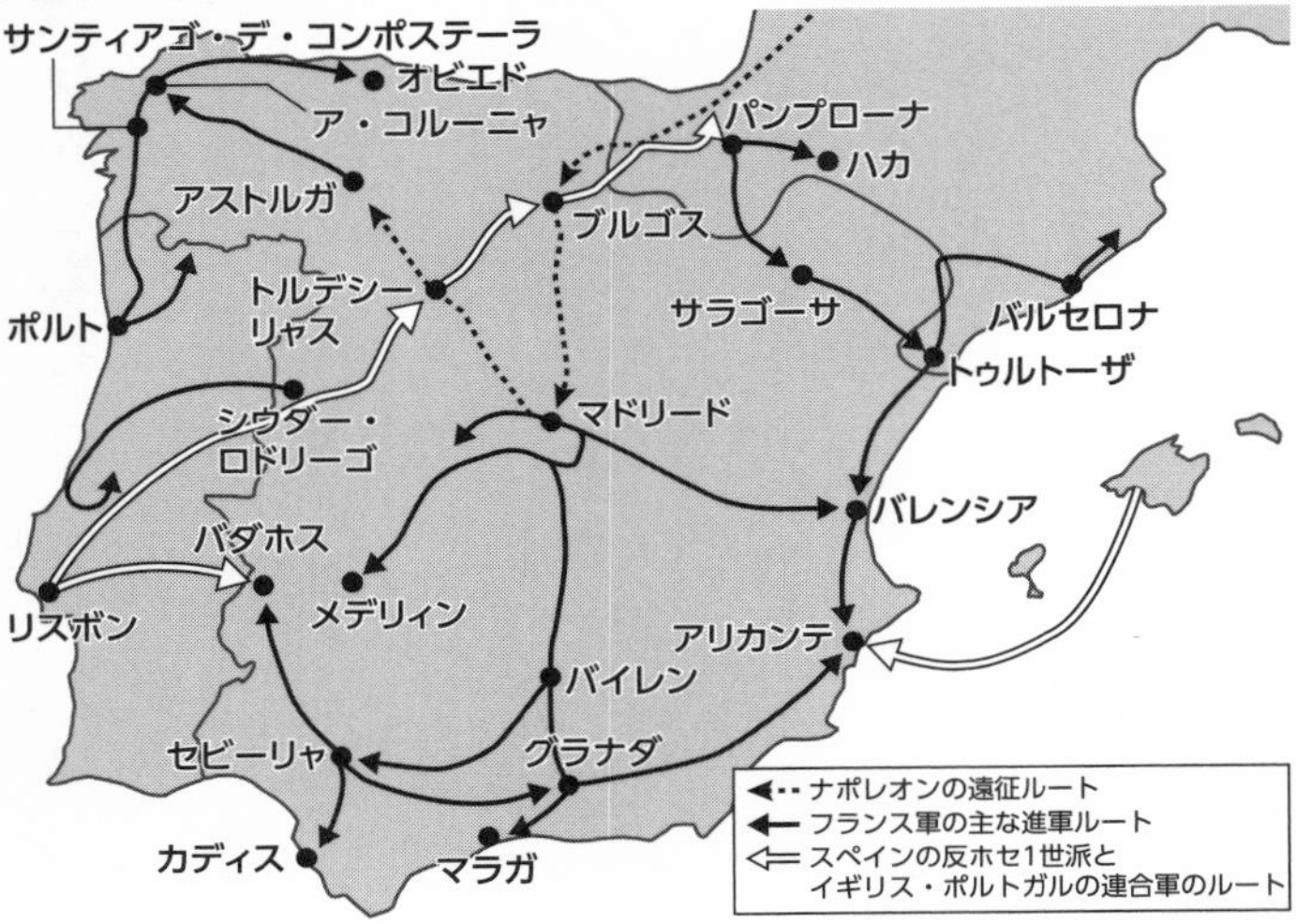

独立戦争の結果は？

１８１２年から１８１３年にかけて、スペインの反ホセ１世派とイギリス・ポルトガルの連合軍はフランス軍に対して勝利を重ねるようになりました。ナポレオンがロシアに遠征して失敗したため、スペインへの駐留軍を減らしたことも影響しています。

こうした内外の情勢を受け、１８１３年６月にホセ１世は退位しました。さらにこの年の10月、ライプツィヒの戦いでも、フランス軍はロシア、オーストリア、プロイセンらの連合軍に敗れます。

そして12月、ヴァランセー条約によりフェルナンド7世の復位が認められました。その後、１８１４年までにフランス軍はスペインから完全に撤退し、独立戦争はスペイン側（反ホセ1世派）の勝利で終わります。

スペイン製憲法第1号

カディス議会は、主権が議会にあると宣言し、古い支配体制の解体と近代化をめざしました。領主裁判権（領主が領地内の裁判を行う権利）の廃止や拷問《ごうもん》の禁止などを定めたことから、それがわかります。

そして１８１２年3月、スペイン人が初めて自分たちの手でつくった自由主義的な憲法であるカディス憲法を公布します。この憲法には、立憲君主制や男子普通選挙制などが盛り込まれており、個人の自由や権利を重視したものとなっていました。ただし、カトリックを国教とし、信教の自由を認めないなど、保守的な面も残していました。

カディス議会に参加した自由主義者たちは、１８１４年1月に首都マドリードに移り、フェルナンド7世にカディス憲法を受け入れさせる儀式《ぎしき》の準備を進めていました。

しかし、1814年3月にフェルナンド7世がスペインに帰還すると、絶対王政の復活を宣言しました。そして彼は、自由主義者の弾圧を開始し、カディス憲法とカディス議会の行動そのものを無効とする王令を出しました。

植民地でも独立運動

大航海時代以降、スペインはラテンアメリカに広大な植民地を獲得し、スペインの植民地は北米大陸のメキシコから中米を経て、ポルトガル領だったブラジル以外の南米大陸まで広がっていました。

スペイン本国がナポレオンの侵略をうけると、ラテンアメリカ植民地への支配力が弱まり、独立運動が起こります。スペイン本国からの独立を指導したのは、ペニンスラール（本国で生まれた白人）との待遇《たいぐう》の差に不満をもったクリオーリョたちでした。

北米のメキシコでは、聖職者のイダルゴの指導のもとで、1810年にインディオやメスティーソが蜂起しました。この蜂起は大部分のクリオーリョ支配層からの支持を受けられず鎮圧されました。

　しかし１８２０年、スペイン本国でリエゴによるプロヌンシアミエント（クーデター宣言をともなう政権への不信任決議）が成功します。すると、スペイン本国の自由主義的な政策を嫌《きら》ったメキシコのクリオーリョが独立運動を主導し、メキシコは１８２１年に独立しました。

　南米では、ベネズエラ出身のボリバルとアルゼンチン出身のサン・マルティンが、それぞれ北部と南部で独立運動を展開します。ペルーでは、サン・マルティンの指導のもとで１８２１年に独立が宣言されました。しか

ラテンアメリカ諸国の独立

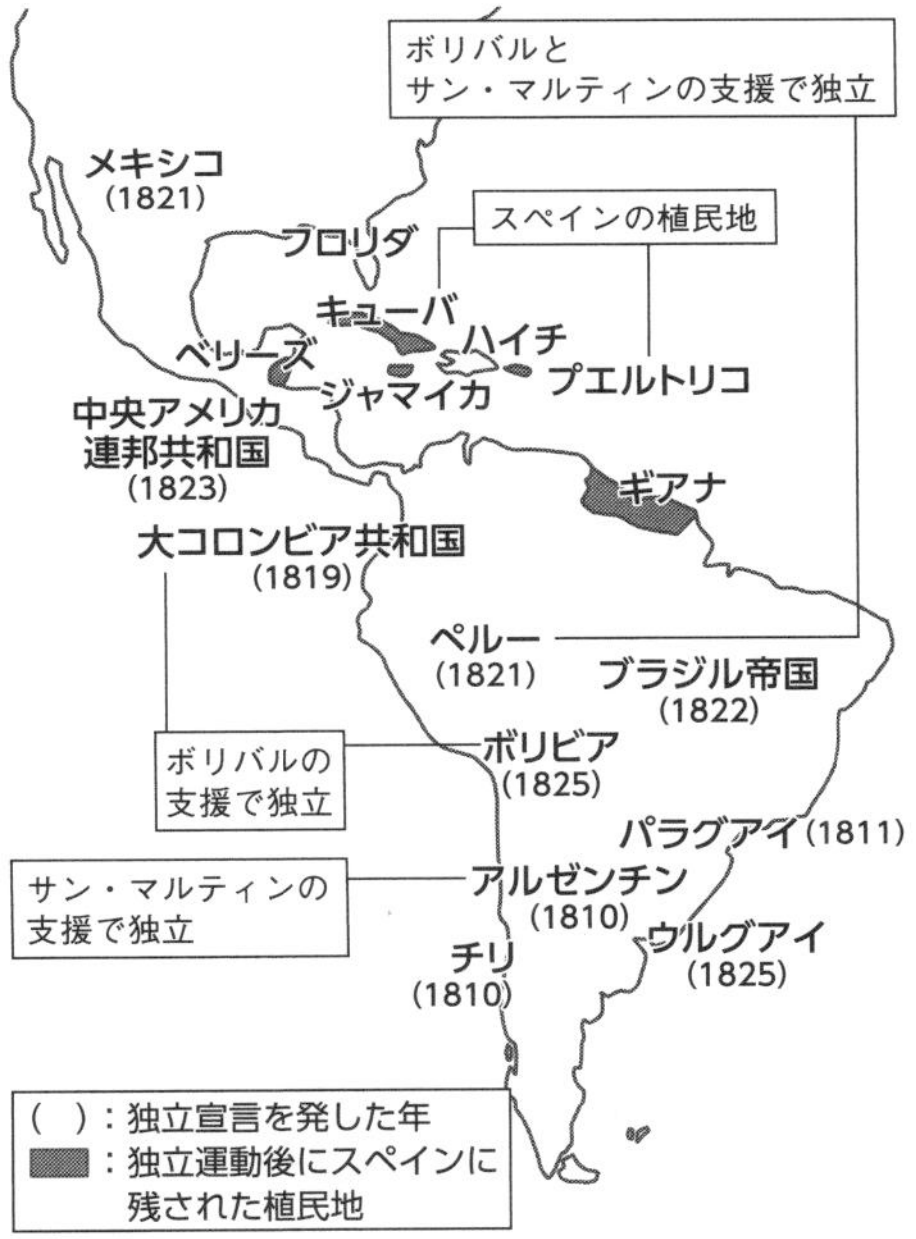

し、スペインはこれを認めませんでした。そのためサン・マルティンは、ボリバルに支援を求め、ペルーの独立運動はボリバルに一任されることになります。

1824年、ボリバルは部下のスクレとともにアヤクーチョの戦いでスペイン軍を撃破し、ペルーの独立を決定づけました。このできごとは、ペルーだけではなくラテンアメリカ全体の独立を決定づけるものでもありました。

こうして、1810年代から1820年代にかけて、多くのラテンアメリカ諸国はスペインからの独立を達成しました。

自由主義の3年間

スペイン本国では、1820年1月1日に軍人のリエゴがプロヌンシアミエントを発し、カディス憲法の復活を要求します。この影響は国内各地に広がり、フェルナンド7世は1820年3月にカディス憲法の復活を認めました。

1820年7月には議会が招集され、議員の多数を占めた自由主義者による政権が成立します。新政権は、カディス議会ではほぼ宣言止まりだった異端審問制の廃止などの自由主義的な政策を実行に移しました。

しかし、絶対王政の復活をめざす勢力による抵抗に加え、自由主義者の間でも温度差があったことから、国内には混乱が生じていました。

最終的に、外国からの干渉が自由主義政府を押しつぶします。ナポレオンが没落したあとのヨーロッパで形成された、ナポレオンの登場より前の体制を重んじるウィーン体制のもと、イギリスやフランス、ロシアといった列強は、スペインの自由主義運動が各国に拡大するのを警戒します。そして1822年、イタリアのヴェローナで会議が開かれ、フランスはスペインへの軍事介入を委託されたのです。

1823年4月、フランス軍がスペインに侵攻すると、自由主義政府はフェルナンド7世を同行させて、首都マドリードからセビーリャ、カディスへと移りながら、抵抗を

そのころ、日本では？

ドイツ人のシーボルトがオランダ商館員として来日したのは、1823（文政6）年のことです。その5年後、シーボルトは伊能忠敬《いのうただたか》の作成した日本地図を国外にもち出そうとしたことで追放されました。また、このとき日本人関係者の多くもきびしい罰を受けています。

続けました。

しかし、1823年9月にフランス軍に押し負け、フェルナンド7世を解放しました。その後、10月に絶対王政が復活し、リエゴの処刑とともに自由主義の3年間は終わったのでした。

カルリスタ戦争

フェルナンド7世には息子がおらず、弟のカルロスが後継者とされていました。ところが1830年、4番目の妻であるマリア・クリスティーナとの間にイサベルが生まれます。そこでフェルナンド7世は、スペインにブルボン朝が成立した際に廃止された、女子の王位継承権を復活させ、次期女王をイサベルとします。

この動きに対し、絶対王政を支持する保守派は、カルロスを支持します。そこでマリア・クリスティーナは、娘の王位継承権を守るために自由主義者に接近しました。

1833年にフェルナンド7世が亡くなると、イサベル2世は幼くして即位し、彼女を補佐するためにマリア・クリスティーナが摂政となります。

カルリスタ戦争の背景

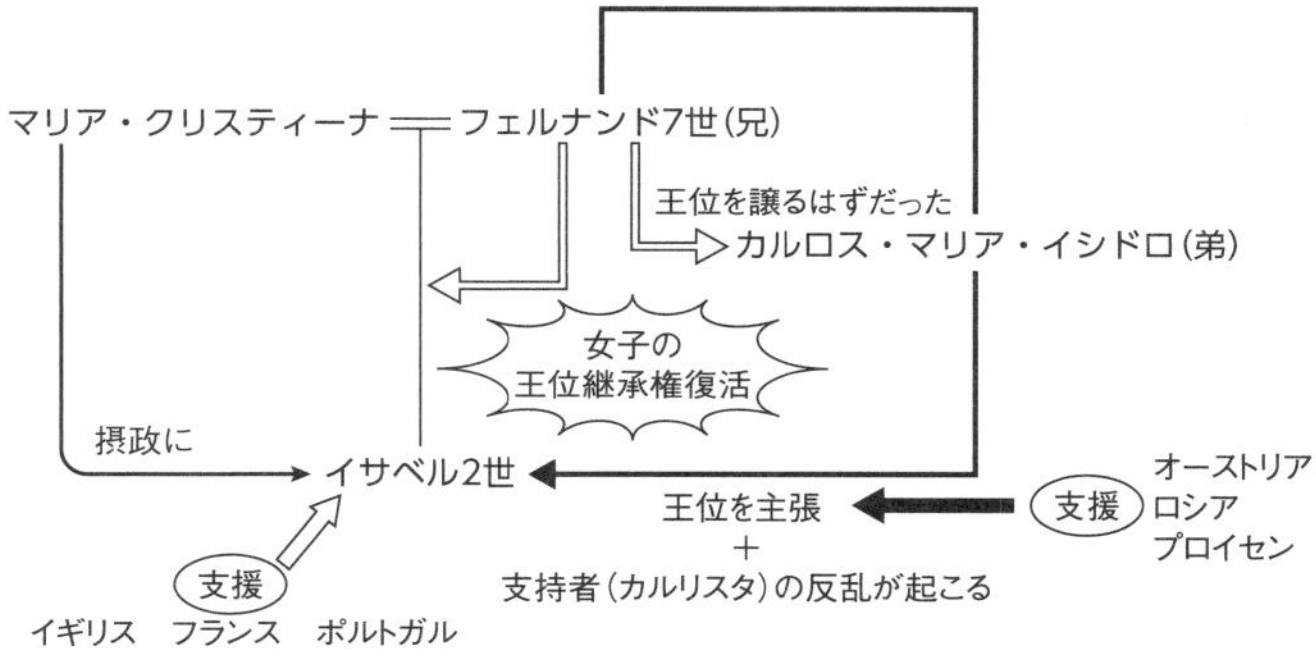

しかし、カルロスはイサベル2世の王位継承を認めず、自身が国王カルロス5世であると主張しました。すると、その支持者（カルリスタ）がイサベル2世を打倒しようとして各地で蜂起して、第一次カルリスタ戦争が始まりました。

カルリスタはオーストリア、ロシア、プロイセンからの経済支援を受け、軍事力では圧倒的に優位でした。

これに対しイサベル派は、永代所有財産の解放（教会財産の国有化・売却）による収入の増加を達成し、１８４３年に四国同盟の締結にこぎつけます。増益分で軍事力を強化し、イギリス、フランス、ポルトガルからの支援を受けて反撃に出ました。

その結果、イサベル派が優位となり、1839年にはカルリスタとの間でベルガーラ協定が成立し、大半のカルリスタの抵抗が終息します。

ただし、一部カルリスタの抵抗は根強く、性質を変えながらも絶対王政の復活をめざし、1846年から1849年（第二次カルリスタ戦争）や、1872年から1876年（第三次カルリスタ戦争）にも反乱を起こしています。

エスパルテーロが摂政に

自由主義勢力の内部には、カルリスタ戦争を教訓として、秩序の維持を優先する穏健派と、迅速《じんそく》で実効性のある改革を求める進歩派の対立がありました。それでも双方の妥協により、1837年憲法が成立します。この憲法はカディス憲法と比べるとやや保守的な性格をもっていましたが、制定されたことにより、少なくとも法制度的には絶対王政復活の芽はなくなりました。

その後成立した穏健派による政権は、カルリスタ戦争時の自由主義的な政策を反故《ほご》にしようとします。進歩派は出版の自由、教会十分の一税（教会が農民に課した、収穫の

1割の納付）の廃止、選挙権の拡大など、自由主義的改革を進めていました。

さらに1840年、穏健派は自治体法を成立させます。この法律は、実質的に国王が市町村長を任命できるようにするもので、目的は市町村長の多くを占《し》める進歩派の掃討《そうとう》でした。

進歩派は抗議行動を起こし、なかでもカルリスタ戦争で活躍した進歩派のエスパルテーロ将軍は、この法律の撤回を求めます。ところがマリア・クリスティーナは撤回に応じず、結果的に彼女は抗議行動の圧力に屈する形でフランスへと亡命しました。

代わって摂政となったエスパルテーロは、ただちに自治体法を廃止して、自由貿易主義をとり、イギリスの綿製品を積極的に輸入しようとしました。しかしイギリス製品との価格や品質面での競争をおそれたカタルーニャの綿工業者が反対し、バルセロナで暴動が起こります。

エスパルテーロがこの暴動を鎮圧すると、彼を支持してきた進歩派の多くがこれに反発し、穏健派と同盟を結びます。1843年になると穏健派の将軍ナルバエスがエスパルテーロの軍を撃破し、エスパルテーロはイギリスに亡命したのでした。

女王の親政

エスパルテーロが失脚した1843年から1868年までは、イサベル2世が親政を行います。

エスパルテーロが復帰した「進歩派の2年間」とも呼ばれる1854年から1856年までの進歩派政権の時期を除けば、穏健派と自由主義連合（穏健派内の革新派と進歩派内の保守派が合流して1854年にできた政治勢力）が交代で政権を運営しました。

1812年憲法と1837年憲法には国民主権が定められていたのに対し、穏健派政権のもとでつくられた1845年憲法では、国王と国民がともに主権をもつとされていました。また、議会の権限が縮小される一方で、閣僚を任命する権利や議会を解散する権利などが国王の権限に加え

そのころ、日本では？

1842（天保《てんぽう》13）年、水戸《みと》藩第9代藩主徳川斉昭《なりあき》によって、現在の茨城県水戸市に偕楽園《かいらくえん》がつくられました。造園の構想は、斉昭がみずから練《ね》ったといわれています。偕楽園は、岡山県岡山市の後楽園《こうらくえん》、石川県金沢《かなざわ》市の兼六園《けんろくえん》とならび、日本三名園のひとつに数えられています。

られるなど、保守的な内容になりました。選挙も投票者を少数に制限したうえ、政府による統制や操作が行われていました。

1858年から1863年にかけて自由主義連合が担当した長期政権は、国民の不満をそらしつつ愛国心を高めるため、積極的な対外政策をとりました。そのひとつがモロッコ戦争で、スペインが従来からモロッコ内に領有していたセウタ（ジブラルタル海峡に面する都市）をめぐる争いがきっかけとなります。この時期のモロッコ戦争では、セウタの領域の拡大に加え、のちにシディ・イフニと呼ばれることになるモロッコ南西部の都市も獲得しました。これにより政府は、一時的に国民の支持を集めることに成功します。

一方、巻き返しを図る穏健派は1863年から1868年にかけて、反対勢力を弾圧するなどして支配を強めましたが、状況が改善することはありませんでした。穏健派は、南北戦争を原因とするアメリカ産の綿花価格の高騰《こうとう》、1866年からのヨーロッパでの金融危機による不況、小麦の不作による食糧危機にも対処できませんでした。

9月のクーデター

イサベル2世を中心とした体制に反発する進歩派と民主派（進歩派から分かれた政治勢力）は、1866年にベルギーのオステンデで協定を結び、翌年には自由主義連合も参加しました。

この協定は、ブルボン朝の打倒、男子普通選挙制による憲法制定議会の開催などを目標としたものでした。そして1868年9月にカディスで進歩派のプリム将軍らがプロヌンシアミエントを発します。

反乱軍を率いるセラーノ将軍が政府軍を破ると、イサベル2世はフランスに亡命しました。これらのできごとは「九月革命」と呼ばれ、以後1874年までの6年間は「革命の6年間」と呼ばれます。

革命が開始されると、セラーノ将軍を政権のトップとし、進歩派、民主派、自由主義連合を中心とした臨時政府が成立しました。臨時政府は基本的人権の尊重と、男子普通選挙制の導入を約束しました。

新憲法！ 新国王？

臨時政府は憲法制定議会の議員を選出するため、1869年に選挙を実施します。その結果、議会は君主制を前提とする臨時政府を支持する勢力が過半数を占めました。この憲法制定議会のもとでつくられたのが、1869年憲法です。

国民主権、二院制議会、男子普通選挙制などが定められ、出版の自由、結社の自由、信教の自由など、個人の権利が大幅に認められました。そのため、同時代のヨーロッパ諸国のなかでも民主的な憲法とされています。

新憲法では、政体は立憲君主制と定められたため、次期国王を誰にするのかが議論されました。国王選びは、ブルボン家を除外すること以外は決まっておらず難航しますが、1870年11月、イタリア王家のアメデーオが新国王アマデオ1世として迎えられることになり、1871年1月にスペインに到着しました。

しかし彼を招くのに尽力したプリムは1870年12月に暗殺されており、アマデオ1世の支持基盤は、初めから不安定でした。

すぐさま終わった共和政

1871年の選挙では進歩派、民主派、自由主義連合が多数派を占めますが、たがいに対立し、権力争いが激しくなりました。さらに1872年からは、第三次カルリスタ戦争が始まります。後ろ盾を失ってもともと立場が不安定だったアマデオ1世は、1873年2月に王位を放棄しました。そこで、上院と下院の合同議会が開催され、君主制の放棄と第一共和政の樹立が宣言されます。

共和政の開始にあたり、憲法制定議会のための選挙が実施され、連邦共和派が圧勝しました。6月に開催された新議会で、新しい国家の政体は連邦共和政と定められ、憲法草案の作成が始まります。

この草案には、国家、地域、市町村のそれぞれが権限をもつこと、キューバとプエルトリコをふくむ17の州によってスペインが構成されることなどが盛り込まれていました。しかし、この憲法は思想的指導者でもあったピ・イ・マルガル（マルガイ）大統領が辞任したこともあって制定されませんでした。

国内では、独立した自治区となることを求める民衆が蜂起し、国外では、キューバ独立戦争が続いていたため、共和政となってもきびしい状況は好転しませんでした。政情は安定せず、大統領はつぎつぎと代わります。

事実上第一共和政最後の大統領となるカステラールは、社会改革を拒否したため、議会からの不信任決議を受けて辞任します。次に中道左派政権が成立する見込みになると、パビア将軍はクーデターを起こして議会を解散させ、セラーノが新政府を組織しました。

セラーノは議会を開かずに独裁的な政治を行い、共和政

そのころ、日本では？

明治新政府によって、1874（明治7）年に東京警視庁《けいしちよう》が創設されました。初代の大警視（のちの警視総監にあたる役職）には、旧薩摩《さつま》藩士だった川路利良《かわじとしよし》が選ばれます。近代国家としての形を整えつつある日本において、警察機構の整備が図られたのです。

を保守的な方向で安定させようとします。

ところが１８７４年12月にマルティネス・カンポス将軍のプロヌンシアミエントが成功し、イサベル２世の息子であるアルフォンソを国王とした王政の復活が宣言されます。第一共和政はわずかな期間で終わり、ブルボン朝による王政がふたたびスタートしました。

１８７５年１月、前年に亡命先で即位していたアルフォンソ12世がスペインに帰還しました。王政復古体制は、このあと50年ほど続くことになります。アルフォンソ12世はフランス、オーストリア、イギリスなどで学び、自由主義思想の影響を受けた人物でした。

彼は自由主義連合のカノバスがつくった「サンドハースト宣言」に同意し、新しい体制が絶対王政ではなく、立憲君主制となることを約束していました。王政復古体制の課題は多く、少なくとも第三次カルリスタ戦争とキューバ独立戦争の終結、そして新憲法の制定に取り組まなくてはなりませんでした。

ふたつの政党

王政が復活すると、カノバスは保守党を結成し、1876年1月の選挙に勝利して首相に就任します。彼のもとで1876年憲法が制定されました。

新たな憲法は過去の憲法を参考にしたもので保守的な色彩が強く、議会と国王それぞれに主権が認められます。また、階級の高い軍人や聖職者、学者、高額納税者などからなる上院と、選挙で選ばれる下院による二院制が採用されました。

選挙制度は、1878年に男子普通選挙制から制限選挙制に変更されます。その結果、有権者数が約400万人から約78万人へと一時的に激減しました。そこで、1890年にふたたび男子普通選挙制に改められます。

体制を安定させるために用いられたシステムが、保守党と自由党による二大政党交代制でした。カノバスの保守党に対し、1880年に進歩派、自由主義連合、穏健な旧共和派が集まり、サガスタを指導者とする合同党（のちの自由党）が結成されます。

これらふたつの政党は、経済的エリートと裕福《ゆうふく》な中産階級からなるもので、大きな違いはなく、交代で政権を担当しました。

本当に民主的？

保守党と自由党の二大政党交代制のもとで議会制民主主義が始まりますが、実際はそれほど民主的ではありませんでした。

両政党の政策は対立的ではなく、むしろ相互《そうご》に補完《ほかん》しあうことを前提としていました。政権交代は両政党間の談合《だんごう》にもとづいて行われていたのです。また、安定した政治を行うために、新政権が議会で多数派を占める形で勝利するように選挙が操作されました。

政府は、カシーケと呼ばれる地方有力者などを利用し、選挙を操作します。こうしたシステムをカシキスモといい、選挙は内務大臣が作成する当選予定者のリストをもとに、カシーケが有権者を買収、脅迫《きょうはく》して得票数を操作しました。

投票が民主的に行われないため、選挙に対する人々の関心が薄れ、投票率は20％以下となり、民意を反映したものにはなりませんでした。このように初期王政復古体制の議会政治は必ずしも民主的なものでなかったものの、１９０２年までに両党で7回の政権交代を実現しながら二大政党交代制が維持され、政治的には安定した時代として評価されています。

労働者の同盟

19世紀に入ると、ギルドの解体と産業の自由化が進展し、スペインでも一部先進地域において産業革命を経験します。その結果、労働者階級が生まれ、彼らは労働組合を結成し、労働運動を行うようになりました。

1879年には、イグレシアスを書記長とする社会労働党が結成されました。社会労働党はスペイン初の社会主義政党で、マルクス主義（ドイツの社会主義者マルクスによる、労働者の資本家に対する階級闘争と社会主義革命を説く思想）を掲げ、普通選挙制や労働時間の短縮、児童の就労禁止などの改革を目標とします。

この社会労働党の指導者と結びついていた労働組合が、1888年に成立した労働者総同盟でした。労働者総同盟は労働条件の改善を求めるという目標のもと、労働者と資本家との間の団体交渉を推進し、交渉手段としてストライキを行いました。

キューバの独立と米西戦争

1868年の九月革命によってスペイン本国の政治が不安定になると、植民地のキューバにも影響が出ました。同年10月に、セスペデスを指導者とするキューバ独立戦争が始まります。最終的に、スペイン本国がキューバに政治犯の釈放や奴隷制の廃止などを約束し、1878年にはサンホン講和条約によって戦争は終わりました。

ところがキューバでは、サンホン講和条約で約束された政治改革が進まなかったことに加えて、キューバの最大の貿易相手であったアメリカとの通商をさまたげるスペイン本国の貿易政策への反発から、独立運動が再燃しました。

1892年にキューバ革命党が結成され、1895年にはマルティを指導者とする独立運動が始まります。この運動は東部から始まり、伝統的に独立にあまり興味を示してこなかった西部にも拡大しました。カノバスが指導する保守党政権は、軍事力により問題を解決しようとしましたが、キューバの抵抗は続きます。

カノバスの暗殺後に成立したサガスタの自由党政権は、自治権、関税自主権、普通選挙制、キューバ人とスペイン人の権利の平等化などの和解案を1897年に示しますが、キューバは納得しませんでした。

キューバとの通商を邪魔《じゃま》するスペインに不満を抱《いだ》いていたアメリカは、キューバの独立運動に介入します。1898年2月にキューバのハバナ港に停泊《ていはく》していたアメリカの軍艦メイン号が爆発を起こして沈没すると、アメリカはこれがスペインによるものだとして、4月に宣戦布告しました。これが米西戦争です。

戦争は太平洋とカリブ海で展開されますが、フィリピンのカビテやキューバのサンティアゴの海戦などで敗れ、スペインの完敗で終わりました。スペインは、パリ講和条約でカリブ海のプエルトリコと太平洋のフィリピンやグアム島をアメリカに割譲し、キューバの支配権も失います。

こうして1902年、キューバはスペインから独立し、アメリカの保護国になりました。

ひみつコラム

スペインの宮殿

世界に誇る名建築

スペインの代表的な建築物といえば、アルハンブラ宮殿とエル・エスコリアル宮殿があげられます。これらふたつの宮殿は、１９８４年に世界遺産に登録されました。

グラナダ南東部にあるアルハンブラ宮殿は、スペイン最後のイスラーム王朝となったナスル朝の王宮で、スペインのイスラーム文化の象徴として現在もその姿をとどめています。

「アルハンブラ」という名はアラビア語の「アル・カルア・アルハムラ（赤い城）」に由来し、赤く上塗《うわぬ》りされた城壁に囲まれた地区全体を指します。ナスル朝の創始者ムハンマド1世が創建した城壁は、東西７２６ｍ、南北１８０ｍもあります。鍾乳石飾り《しょうにゅうせきかざ》（スタラクタイト）による天井、アラベスク文様の壁面、腰壁《こしかべ》に貼りつめられた彩釉《さいゆう》タイルなどが配され、オアシスを思わせる池や水路、いくつもの中庭など、イスラームの

●エル・エスコリアル宮殿

●アルハンブラ宮殿

装飾技法を駆使《くし》した幻想《げんそう》的な美しさをたたえています。

エル・エスコリアル宮殿は、マドリードの北西約50㎞にある王宮と修道院の複合体で、「サン・ロレンソ・デ・エル・エスコリアル修道院」が正式な名称です。

この宮殿はフェリーペ2世時代の一大記念《きねん》碑《ひ》で、ローマのサン・ピエトロ大聖堂を手がけた建築家のファン・バウティスタ・デ・トレドが1563年に建設を命じられ、その死後はファン・デ・エレーラが引き継ぎ、1585年に完成しました。スペイン・ルネサンス建築の最高峰で、離宮、修道院、教会、王家の霊廟《れいびょう》、図書館などが兼ね備えられており、多くの芸術作品が収蔵されています。

知れば知るほどおもしろいスペインの偉人⑤

サグラダ・ファミリアの設計者

アントーニ・ガウディ

Antoni Gaudí

（1852〜1926）

大傑作は、弟子によって今なお建設中

バルセロナの中心にそびえたつサグラダ・ファミリアのほか、カサ・ミラ（カザ・ミラー）、グエル（グエイ）公園など、見る人が足を止めるほど独創的な建築物を設計したのがアントーニ・ガウディです。カタルーニャに生まれ、バルセロナで製図工として働きながら建築学校を卒業して建築家の資格を取得し、その直後の1878年にはいくつかの建築物の設計を手がけるなど、はやくから頭角《とうかく》を現しました。

ガウディのデザインは、自然のなかで育った幼少期の原風景に着想があるのかもしれません。彼は、建築を自然の諸法則にもとづく総合芸術だととらえていたのです。代表作のサグラダ・ファミリアは31歳のときからつくりはじめました。ガウディの死後は弟子らが引き継ぎ、現在も建築中で、完成までまだ何年もかかるといわれています。

chapter 6

世界大戦の裏で

バルセロナの「悲劇の1週間」

米西戦争に敗北したスペインは、キューバ、グアム、プエルトリコ、フィリピンなどほぼすべての植民地を失い、領土が大幅に縮小しました。この衝撃に加え、20世紀初頭のスペイン社会はさまざまな問題に直面します。

まず、19世紀前半から鉱業や軽工業分野での産業革命を経験した地域が誕生していきました。その結果、工業が進んでいたカタルーニャなどの地域では、工場労働者が政治や社会に影響を与える勢力となり、労働運動が盛んになります。

労働運動を率いたのが、社会労働党とその系列の労働組合である労働者総同盟、そしてアナルコサンディカリスト（無政府組合主義者）の組合として1910年に組織化されることになる全国労働連盟でした。

この時期、カタルーニャでは自治権を、バスクでは独立を求める動きが強くなります。一方、植民地のモロッコでは民族運動が盛り上がるなど、国内外に多くの問題を抱えていました。

このような状況のなか、1909年7月、モロッコにおいて、鉄道を敷設《ふせつ》していたスペイン人労働者たちが現地の民族主義勢力に襲撃され、犠牲者《ぎせいしゃ》が出ます。

保守党のマウラ首相は、反乱を鎮圧するために軍の派遣を決め、予備役（戦争などの有事のときにだけ軍務にあたる者）までも召集します。米西戦争での大敗が記憶に新しい民衆は、マウラの決定に強く反発しました。

そして7月26日、バルセロナで戦争に反対するゼネスト（大規模なストライキ）が発生します。このゼネストを主導したのは、社会労働党でした。民衆は修道院を焼き討ちするなど、だんだんと暴徒化していきます。

これに対し、マウラは国民の基本的人権を制限する戒厳令《かいげんれい》を発布し、バルセロナに軍を派遣しました。7月31日に軍が暴動を鎮圧しましたが、スペイン軍とバルセロナの民衆が衝突した結果、500人以上の死傷者が出ました。これらのできごとは、「悲劇の1週間」と呼ばれています。

民衆の反発を抑えつけるマウラの強引なやりかたは、国内外から批判を浴びました。マウラは、受けとられないと思って国王アルフォンソ13世に辞表を提出したところ、受《じゅ》理《り》されてしまったため、首相を辞任します。

ストライキ、そしてテロ

1914年、第一次世界大戦が勃発《ぼっぱつ》します。しかし、スペインはモロッコ平定を口実《こうじつ》に中立を宣言しました。しかし、参戦しなかったからといって、第一次世界大戦の影響を受けなかったわけではありません。

当初は世界的な戦時景気の波にのったものの、それにともなって物価が上がり、日雇いの農民や労働者の生活はしだいに圧迫されていきます。そのため、1916年に労働者総同盟と全国労働連盟は共同で物価上昇の抑制と賃金の引き上げを求めるゼネストを行いました。

このゼネスト自体は成功しませんでしたが、スペイン各地でストライキが起こるようになり、労働組合は急成長しました。とくに全国労働連盟はテロリズムを抗議の手段ととらえて、政治家や資本家を襲撃します。

政府はこれに弾圧で対応し、資本家たちも自分たちに協力的な労働者を集めた自衛組織である「自由労働組合」を結成するなどして対抗しました。その結果、労働者や農民と政府や資本家の対立は激化します。

1921年から1923年にかけて、ダト首相がアナキストに暗殺されたり、全国労働連盟の指導者が自由労働組合員に暗殺されたりと、双方《そうほう》のテロが横行するようになりました。こうした不安定な社会情勢が、独裁体制の誕生へとつながっていきます。

スペイン風邪はどこから？

ところで、1918年にはスペイン風邪《かぜ》が世界的に大流行し、多くの犠牲者を出しました。ただ、一般的にはスペイン風邪と呼ばれているものの、流行の発生源はスペインではなく、アメリカだとされています。

流行したのが第一次世界大戦中で、参戦した各国は戦争へのモチベーションを維持するため、伝染病の拡大や死者数に関する報道を検閲《けんえつ》によって最小限に抑えていました。しかし、大戦に参加していなかったスペインでは報道が比較的自由で、くわえてアルフォンソ13世がこの病気にかかり重症化してしまいました。そのせいで、スペインはとくに大きな被害を受けたという印象をもたれてしまい、スペイン風邪という呼び方が広まってしまったのです。

王政復古体制の終わり

スペイン国内で労働運動がエスカレートする一方、植民

そのころ、日本では？

1918（大正《たいしょう》7）年に、松下幸之助《まつしたこうのすけ》が大阪市で松下電気器具製作所（現在のパナソニック）を設立しています。当初は借家で電球用ソケットの製造販売をする小さな会社でしたが、しだいに規模を拡大していき、日本を代表する企業にまで成長しました。

地のモロッコでは1920年にふたたび反乱が起こります。

反乱を抑えるため、スペインは本国の部隊に加え、モロッコ人部隊、キューバ人などが参加した外国人部隊を投入しました。ちなみに、のちに独裁を行うことになる軍人フランコは、この反乱の鎮圧を指揮し、その功績で陸軍少佐に昇進しています。

スペインは大軍を投入したものの、1921年7月にモロッコのアンワールで反乱軍に大敗してしまいました。このアンワールの戦いでのスペイン軍の死者は1万人以上とされ、多くの兵士が捕虜となります。

モロッコでの敗北により、軍の責任を問う声が大きくなりました。しかし、軍は十分な装備を準備しなかった政府と議会に責任があるとして、軍法会議で軍人の責任が問われることに不満を抱きました。政府内では、さらなる兵力の増強を求める軍に従うか、それとも軍事行動を縮小するかで対立が起きます。

結局、議会に責任追及委員会が設置されることが決まります。そして1923年10月、委員会が議会で報告を行うことになりました。

議会では、軍や政府の高官、さらには国王の責任も追及される可能性がありました。

この状況で、カタルーニャ軍管区司令官のプリモ・デ・リベーラ将軍は１９２３年９月12日の夜半、カタルーニャ地方に戒厳令を出して、暫定的な軍事独裁をかかげるプロヌンシアミエントを発します。

　軍や教会、大土地所有者の支持を得て、このプロヌンシアミエントは成功しました。じつは、プリモ・デ・リベーラはプロヌンシアミエントを発するにあたって、前もって国王アルフォンソ13世からの承認を得ていたのです。

　プリモ・デ・リベーラは国王から軍人執政《しっせい》の長に任命され、軍事独裁政権が樹立されます。こうして19世紀末からの王政復古体制が終わりました。

　プリモ・デ・リベーラは、まず憲法を停止し、議会を解散させました。そして各県、

市町村に軍人を配置して、戒厳令をカタルーニャだけではなくスペイン全土に拡大させます。独裁政権の樹立が成功した背景には、軍や教会、資本家や大土地所有者、カタルーニャの自治権拡大を求める保守的な地域主義者、さらには国王アルフォンソ13世からの支持がありました。

左派勢力の社会労働党と労働者総同盟は、プリモ・デ・リベーラの行動を批判しました。しかしプリモ・デ・リベーラは弾圧をもって対抗します。この弾圧は苛烈《かれつ》を極《きわ》め、その結果、左右両派がくり返していたテロが落ち着き、ストライキの件数も3分の1に減りました。

モロッコ政策においては、プリモ・デ・リベーラは、スペインと同じようにモロッコでの反乱を脅威《きょうい》に感じていたフランスと1925年に共同行動協定を結び、翌年には反乱を鎮めます。

文民執政

さまざまな治安の問題を解決したプリモ・デ・リベーラは、しだいに独裁体制の永続化をめざすようになりました。1925年、プリモ・デ・リベーラは戒厳令を撤回して内閣を復活させ、軍人執政から文民《ぶんみん》執政へと移行します。そして1927年には国民諮問議会を召集しました。しかしこの議会は、「諮問」と銘打っている通り立法機関ではなく、大きな役割を果たすことはありませんでした。

経済対策について、プリモ・デ・リベーラはプロヌンシアミエントを起こした直後に、「独裁の目的は経済発展によって祖国に奉仕《ほうし》することである」と表明しています。そして、関税の引き上げや、市場の統制と独占を誘導することなどにより、国内産業を保護し、発展させました。その象徴とされるのが、カンプサ（石油独占会社）の設立です。プリモ・デ・リベーラは、スペイン国内で独占的に石油の精製や販売を行っていたアメリカのスタンダード・オイル社とオランダのシェル社を強制的に排除し、カンプサに独占権を与えました。

さらに、プリモ・デ・リベーラは公共投資を積極的に行います。国道建設が進められ、発電や灌漑などのためにエブロ川が開発されました。これらの事業は、関連した会社とそこで働く労働者に活況をもたらします。

しかし、このような経済政策にはデメリットもありました。もともとスペインの財政力は弱く、税収が増えない限り、積極的な経済政策を支えるために国債を発行せざるを得なかったのです。これによって、スペインの財政赤字はふくらんでいき、プリモ・デ・リベーラの独裁体制は危うくなっていきます。

7年間で終了

プリモ・デ・リベーラによる独裁を支持していた国王アルフォンソ13世は、反体制運動の盛り上がりに不安を感じるようになりました。

1926年には独裁の打倒を目的として、共和主義同盟が結成されます。これには急進党、カタルーニャ共和党、左派政治家として勢いがあったアサーニャなどが参加して

そのころ、日本では？

1929（昭和4）年、小田急江ノ島線《おだきゅうえのしま》が開業し、相模大野駅《さがみおおの》=片瀬《かたせ》江ノ島駅間が開通しました。また同年、東京駅には八重洲《やえす》口が開設されています。ちなみに、東京駅自体が開業したのは1914（大正3）年でしたが、このとき改札は皇居側にしかありませんでした。

います。

この年と1929年にはプロヌンシアミエントが実行されました。これらは失敗に終わったものの、軍にも反体制派が存在することが明らかになります。

再度のプロヌンシアミエントのうわさが流れるようになると、国王はプリモ・デ・リベーラに辞任をうながし、かつて自由党に所属した政治家たちに働きかけて、立憲王政の復活をたくらむようになります。

追いつめられたプリモ・デ・リベーラは、最後の手段として各軍管区の司令官に信任を求めますが、拒絶《きょぜつ》されてしまいます。結局、1930年1月にプリモ・デ・リベーラは国王による辞任要求を受け入れました。これには前年の世界恐慌をきっかけとする景気後退の影響も大きかったといわれています。こうして、7年間の独裁政権は幕を閉じました。

第二共和政の成立！

プリモ・デ・リベーラの独裁政権が倒れたとき、国王アルフォンソ13世は王政廃止を訴える共和主義者の政権ができることを恐れていました。そこで１９３０年1月、プリモ・デ・リベーラと同じ軍人のベレンゲールを首相に任命し、立憲王政を復活させて、体制の継続を図ります。

首相就任時、ベレンゲールは独裁体制以前の状態に戻すことを宣言します。しかし、国王が独裁体制の協力者であったことは明白でした。国王の退場を求める勢力は１９３０年8月にバスクの一都市であるサン・セバスティアンに集結して、「サン・セバスティアン協定」を結び、革命委員会を設置しました。

事態を打開する策をもっていなかったベレンゲールは１９３１年2月に辞任し、後任の首相

に選ばれたのは軍人のアスナールでした。アスナールは国王と革命委員会の合同政府の樹立を考えますが、革命委員会はこれに反対します。

アルフォンソ13世や周囲の王政支持派は、この状況でも王政を維持できると考えていました。そこで1931年4月12日に市町村議会選挙を開催《かいさい》します。この選挙は王政を存続させるかどうかを決める国民投票としての側面ももっていました。

選挙の結果は、議員総数では王政支持派が優勢だったものの、マドリードをはじめとするほとんどの大都市では共和派が勝利しました。さらに、民衆は共和政を求めるデモを行い、スペイン各地で共和政が宣言されていきます。

この状況を前にしてアルフォンソ13世は退位を決意し、フランスに亡命《ぼうめい》しました。これによりスペインは、ふたたび共和政（第二共和政）となります。

難航する新憲法づくり

第二共和政が成立すると、革命委員会はアルカラ・サモーラを首班《しゅはん》とする臨時政府を組織し、信教と結社の自由などの基本的人権の保障と、農地改革の実施を表明します。

臨時政府は新憲法を制定しようと動き出しました。1931年に憲法制定議会のための総選挙が実施され、臨時政府与党が圧勝します。しかし、いざ憲法の草案づくりになると、とくにカトリックの位置づけをめぐって、政教分離を明記したいアサーニャらとそれに反対するアルカラ・サモーラの間で意見が対立しました。

また、地域の自治権をめぐっても意見は対立します。結局、自治権を獲得したい地域の市町村議会での採決とその地域の住民投票のそれぞれにおいて、有権者全体の3分の2の賛成を得た場合にのみ自治権が与えられるという規定が設けられました。当時、この高いハードルをクリアできるのはカタルーニャだけであると見られており、実際、内戦勃発前にこの手続きが完了したのはカタルーニャだけでした。

新憲法には、議会が一院制であることや、男女普通選挙の実施なども盛りこまれました。大統領は象徴的な存在になるはずでしたが、実際には政治に深く関与《かんよ》していきます。

アサーニャの苦悩

新憲法制定後に大統領となったアルカラ・サモーラは議会第1党の社会労働党から首

相を選ばず、共和主義行動党のアサーニャを指名します。アサーニャは、国が大土地所有者から農地を買い上げて、貧しい日雇いの農民に貸しあたえる方法で農地改革を進めますが、予算不足のため遅々として進まず、農民たちを失望させます。

また、非宗教的な教育を導入するため、教会で義務教育を行うことを禁止しました。ところが、やはり予算不足のため、新たな公立の学校を十分に建てることができず、学校に行けない子どもたちがかえって増えてしまいました。

一方、経済界は全体的に労働者寄りなアサーニャの改革に強く反発し、農地改革の停止や労働運動に対するきびしい処罰、閣僚からの社会労働党議員の排除などを政府に要求しました。さらに、政教分離政策を進めたことで、政府は信仰心にあついカトリック信徒からの反発も受けました。

アサーニャ政権では1932年にカタルーニャ自治憲章が承認され、カタルーニャ自治政府が成立するなどの成果もありました。しかし、全体的には改革派、保守派のどちらも満足させることができず、しだいに支持を失っていきます。

このようななか、1933年1月にカタルーニャとアンダルシーアで全国労働連盟が蜂起し、治安警察や軍の施設が襲撃されるという事件が起きました。これはすぐに鎮圧されたものの、騒動の責任を追及されたアサーニャは退陣します。

3月になると、政府に反対するカトリックの右派が中心となってセダ（スペイン右翼連盟）を結成します。さらに10月、プリモ・デ・リベーラの息子であるホセ・アントニオがファシズム政党であるファランへ党を結成しました。ファランへ党は1933年の総選挙で1議席を獲得します。ただし、これが第二共和政期におけるファランへ党の最大議席数であり、スペインではファシズムは盛り上がりませんでした。

レルー、白紙に戻す

アサーニャ政権の混迷によって、国民の間で左派政権への失望が広がっていました。

1933年11月に行われた総選挙では、右派のセダが115議席を獲得して第1党となり、中道の急進党が第2党となります。左派の社会労働党は議席を半分近く減らし、第3党に転落しました。その他の左派政党も、大きく議席数を減らします。全国労働連盟が「選挙ではなく武装蜂起による革命」を訴えたことで、支持者の一部が投票を放棄したことも、左派が大敗する原因となりました。

選挙のあと、アルカラ・サモーラ大統領はまたも第1党のセダから首相を選ばず、急進党のレルー（レルークス）を首相に指名します。レルーはセダに歩みよる政策で、アサーニャ政権による改革で不満の多かった政策を修正していきました。

たとえば、教育を受けられる人口を増やすために教会による教育を事実上復活させ、貧しい農民層を守るための政策も廃止します。

さらに1934年10月、レルーがセダの議員を入閣させると、レルー政権の政策がさらに保守化することに危機感を強めた社会労働党では、急進派が主導権を握るようになり、全国の党員と支持者に武装蜂起の指令を出しました。「スペイン十月革命」と呼ばれるこの蜂起は、ほとんどの

そのころ、日本では？

1934（昭和9）年9月21日、記録的な規模の台風が高知県の室戸《むろと》岬《みさき》付近に上陸しました。この台風がもたらした高潮被害や強風による死者・行方不明者は約3000人におよびました。室戸台風は、枕崎《まくらざき》台風、伊勢湾《いせわん》台風とならび、「昭和の三大台風」に数えられています。

地域で治安警察や軍によってすぐに鎮圧されました。ただし北部のアストゥリアス地方だけは、労働組合への加入者数が多かったことや、他の地域では参加していなかった全国労働連盟が加わったこともあり、一時は軍を追いつめます。

しかし、最後にはフランコ率いる鎮圧軍に敗北しました。フランコはこの功績により、翌年、陸軍中将に昇進します。

人民戦線政府が成立

「スペイン十月革命」を鎮圧したレルー政権は、労働運動への弾圧を強め、カタルーニャの自治権を停止し、農地改革法の効力を実質的に停止するなど、保守的な政策を強引に進めていきました。

しかし、このような政権の姿勢が、バラバラだった左派がまとまるきっかけになります。アサーニャが呼びかけた左翼統一戦線が社会労働党の支持を得たこともあり、左派勢力は順調にまとまっていきました。これがのちの「人民戦線」です。

ちょうどそのころ、レルー首相は汚職《おしょく》スキャンダルで退陣に追い込まれ、急進党は壊滅してしまいました。アルカラ・サモーラ大統領は議会を解散し、1936年2月に総選挙が行われ、人民戦線が勝利します。

総選挙後にアルカラ・サモーラ大統領はアサーニャを首相に任命しますが、そのアサーニャはアルカラ・サモーラを大統領職から解任します。アサーニャはみずから大統領となり、首相職をカサーレス・キローガに譲り、人民戦線政府が成立しました。

しかし人民戦線政府の内部では、議会制民主主義をめざす穏健派と、社会主義革命または無政府主義革命をめざす強硬派《きょうこうは》の対立がありました。また、選挙での右派の敗北を受けて、軍と右派はクーデターを計画するようになります。

一方、人民戦線政府が釈放した元政治犯は都市部でストライキを起こしたり、農村で土地を占拠したりするようになりました。こうしたなか、右派と左派はおたがいに政治への信頼をなくし、テロをくりかえすようになります。

スペイン内戦始まる

人民戦線政府はクーデターの発生を警戒し、モラ少将をスペイン北部のパンプローナ

内戦時のスペイン（1936年7月）

に、中将になっていたフランコを大西洋に浮かぶカナリア諸島に左遷《させん》するなど、右派の将校《しょうこう》を中央から遠ざける対策をとりました。

しかしフランコは、モラの手引きでひそかに植民地のモロッコに渡り、クーデターに備えます。そして1936年7月18日、スペイン各地で軍の一部が蜂起します。この反乱に対し、政府は正規軍、治安警察、武装労働者などを投入してマドリードの反乱軍を鎮圧し、バスクなどの重要な鉱工業都市も押さえます。

軍事力で政府を転覆《てんぷく》させようとし

たこのクーデター計画は失敗に終わりましたが、反乱軍はセビーリャやサラゴーサなどの大都市を占拠することに成功します。これにより、スペインはふたつにわかれ、以後3年間続く「スペイン内戦」が始まりました。

当初、反乱軍の指導者はモラで、フランコはその協力者に過ぎませんでした。

反乱軍VS人民戦線政府

1936年9月、国際的な支援が期待できることから、フランコが正式に反乱軍の総司令官に指名され、10月には反乱軍側の国家首長に就任しました。フランコは、1937年4月に「政党統一令」を発してすべての政党を既存のファランヘ党に合流させ、新ファランヘ党「国民運動」を誕生させます。そしてみずから党首となり、ファシズム体制を固めていきます。

反乱軍側は、ヒトラー政権のドイツとムッソリーニ政権のイタリアから支援を受けました。日本も反乱軍側にわずかながら武器の援助をしており、のちにドイツとイタリアに次《つ》いでフランコ政権を承認する国となりました。

さらに、反乱軍はカトリック教会からも強力な支持を得ます。ローマ教皇庁は反乱軍をスペインの正式な政府として承認し、内政面においても外交面においてもフランコを支えました。

一方、ドイツやイタリアと対立するイギリスとフランスは、紛争がヨーロッパ全土に拡大することを懸念し、スペイン内戦への不干渉を提唱します。その結果、人民戦線政府はスターリン率いるソビエト連邦からの支援が中心となります。

国際的な支援の差により、人民戦線政府はしだいに劣勢となっていきます。ただし、世界各国から反ファシズムを掲げる知識人や学生、労働者などが義勇兵としてスペインに渡り、反乱軍と戦いました。

国際旅団と呼ばれたこの義勇兵による組織には、アメリカの作家ヘミングウェイやフランスの作家マルロー、日本人のジャック白井《しらい》なども参加しています。

それでも人民戦線政府は劣勢のままで、1937年の春以降、ビルバオ、サンタンデール、ヒホンなどの主要都市がつぎつぎと陥落していきました。

4月26日にはバスクの都市ゲルニカが、ドイツの航空部隊から新型機の実験として無差別爆撃を受けました。スペインの画家であるピカソは空爆の1カ月後、多数の死傷者が出たこの惨禍《さんか》を題材に『ゲルニカ』という作品を描きました。

人民戦線政府は戦況を打開すべく、1938年7月25日にエブロ川周辺で結果的に最後となる大攻勢に出ます。この戦いは3カ月におよび、両軍ともに大きな被害が出ましたが、最終的には反乱軍が勝利を収めました。

これで内戦の勝利を決定づけた反乱軍は、同年暮れからカタルーニャに総攻撃を開始します。1939年1月にはバルセロナが陥落し、2月末にイギリスとフランスがフランコ政権を承認したため、アサーニャは大統領を辞任し、フランスへ亡命しました。そして3月27日にマドリードが陥落したことにより、人民戦線政府は完全に崩壊しました。

内戦時のスペイン（1938年7月）

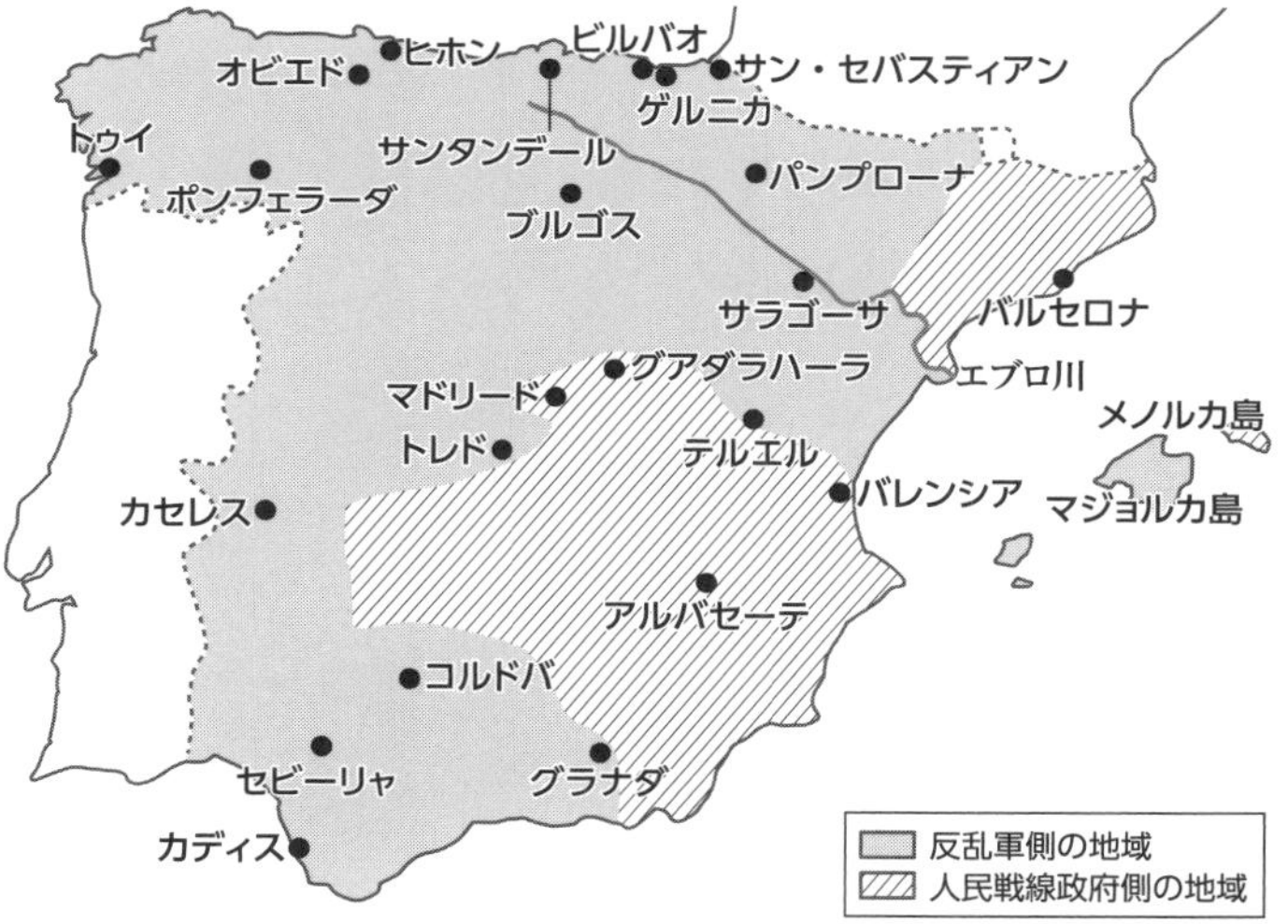

同年4月1日にフランコが内戦終結を宣言し、3年にわたった内戦はようやく終わりました。この内戦によって、人民戦線政府側、反乱軍側で合わせて数十万人が亡くなり、国土は荒れ果ててしまいました。

内戦の処理と第二次大戦

フランコは内戦終結後、生き残った人民戦線側に対してきびしい処分を下《くだ》しました。軍事法廷では人民戦線側の約5万人に死刑の判決を下し、その半数を実際に処刑します。

また、人民戦線側で戦ったバスク

とカタルーニャに対しては、バスク語、カタルーニャ語の公的な場での使用を禁じ、自治権を剥奪《はくだつ》しました。

こうした弾圧は、1939年に施行された「政治責任法」や1940年に施行された「共産主義・フリーメイソン弾圧法」によって徹底して行われ、その結果、反体制運動の核となる組織は壊滅し、のちのちまで効果的な反体制運動ができなくなってしまいました。

1939年9月1日、第二次世界大戦が勃発します。ドイツのヒトラーは、スペイン内戦のときに多大な支援をしたことを理由に、スペインがドイツ、イタリアの枢軸国《すうじくこく》側に入って参戦するようフランコに要請しました。しかしフランコはこれに応じず、中立を宣言します。内戦によって国土が荒廃《こうはい》し、国力が低下しているため戦えなかったからです。

そのころ、日本では?

1940（昭和15）年9月27日、日本、ドイツ、イタリアの間で日独伊三国同盟が締結されました。ドイツの首都ベルリンで調印された軍事同盟条約で、ヨーロッパとアジアの「新秩序」におけるたがいの指導的地位を認め、第三国からの攻撃に対しては軍事援助を行うことが取り決められます。

ところが、ドイツが優勢なのをみるとフランコは中立を放棄し、非交戦参戦（軍事的に戦争に参加しないこと）を宣言して、ドイツやイタリアに対する情報提供や物資補給《ほきゅう》などを行います。

ただし、１９４３年ころからアメリカなどの連合国側の優勢が決定的になると、スペインはふたたび中立の立場をとります。そして大戦末期になると、フランコはヨーロッパ戦線では中立、対ソ連戦線では反共産主義、太平洋戦線では反日本という３つの立場を使い分けました。

このように第二次世界大戦中のスペインは形式上、中立国としてふるまい続け、大戦の被害を直接受けずにすんだのです。

知れば知るほどおもしろいスペインの偉人⑥

死と悲しみを描いた詩人・劇作家

フェデリコ・ガルシア・ロルカ

Federico García Lorca

(1898 ～ 1936)

内戦中に反乱軍によって処刑された

ロルカの詩や戯曲には、生まれ育ったアンダルシーアの空気感を思い起こさせるような作品が多くあります。

詩作における代表作はアンダルシーアの魂を描き出した『ジプシー歌集』(1928年)です。「三大悲劇」の戯曲には花嫁《はなよめ》と花婿《はなむこ》を中心に破滅していく人々の姿を描いた『血の婚礼《こんれい》』(1933年)、子どもを産めない女性の苦悩を描いた『イェルマ』(1934年)、横暴な母に性を抑圧された5人の娘が登場する『ベルナルダ・アルバの家』(1936年)があります。

どの作品にも死や、因習《いんしゅう》に縛《しば》られた悲しみを背負う女性が出てきます。作風にシュルレアリスム的な要素がみられるのは、若いころのダリやブニュエルといった芸術家との親交が影響していると考えられます。ロルカは『ベルナルダ・アルバの家』を遺作として、内戦中に反乱軍に捕らえられ、銃殺《じゅうさつ》されました。

chapter 7

独裁から民主化へ

フランコ体制、成立！

フランコ体制は、内戦の勝者であるということを根拠に成立した体制でした。しかし、それだけでは体制の基盤として弱かったので、カトリック教会の全面的な支援《しえん》を受けることになります。内戦時からスペインのカトリック教会は、フランコ軍を無神論や共産主義から祖国を救う「十字軍」であると称賛《しょうさん》していました。また、バチカンのローマ教皇庁はフランコ体制を正統なスペインの国家であると承認します。

こうしてフランコは「国民運動」の指導者となり、軍のみならず、政府と公式政党の権限掌握《しょうあく》に成功します。フランコは、国家元首、首相、陸海空の三軍の総司令官を兼ねる存在となり、「総統」と呼ばれることになります。

フランコ体制は内戦中にドイツやイタリアからスペインの正統な国家として承認を受けていたということもあり、フランコはスペインをこれらの国家と同じファシズム体制にすることをめざしますが、同じようにはなりませんでした。もともと第二共和政期においては、ファシズムへの支持が集まっていなかったことにくわえて、カトリック、王党派、軍など多様な勢力が「国民運動」に加入したことにより、もともとのファランへとその他の勢力の統一ができませんでした。その結果、党員数は90万人台で停滞し、党を代表して政治に関わる閣僚は平均して25パーセントにとどまりました。「国民運動」は、公式にはフランコ体制を支える唯一の政党でしたが、実際には、その他の勢力と同列の有力支配集団のひとつに過ぎませんでした。

フランコは、第二次世界大戦での枢軸国側の劣勢を見て、みずからの体制のファシズム色を薄めようとします。1942年にはファシストで義弟のセラーノ・スニェル外相を更迭《こうてつ》し、以後フランコはファシスト式の敬礼《けいれい》をしなくなりました。その後長きにわたり、フランコ体制の中枢《ちゅうすう》は、カトリック勢力な

どが入れ替わり立ち替わり務めていくこととなり、ファランへが中心になることはありませんでした。

さらに、「フランコ体制は独裁国家である」という批判をかわすために、基本法と呼ばれる一連の憲法典の整備に着手します。内戦後の1942年に「国会設置法」、1945年には「国民憲章」と「国民投票法」が制定され、諸制度が整えられます。これらの基本法は、民主的な要素をふくんでいるようにみえますが、フランコ体制の国会はフランコの決定をほめたたえるだけの機関であり、議員はフランコによる任命制であったことなどから、民主的な要素はありませんでした。

合計7つ公布《こうふ》されることになる基本法ですが、必要に応じてその都度《つど》制定されたため、フランコ体制の完成といわれる「国家組織法」が公布されたのは1967年でした。このように、フランコ体制の完成までには長い年月がかかりました。

国際社会から孤立する

国内の体制を固めたフランコ体制でしたが、国際社会からは非難されます。国際連合総会では、「フランコ体制のスペインはファシズム国家であり民主的ではない」と批判され、1946年12月12日にはスペインとの断交を推奨する決議が採択《さいたく》されます。これを受け、アメリカやヨーロッパ諸国は駐スペイン大使を本国に呼びもどしました。さらに、スペインはすべての国際機関から排除されてしまいました。

スペインは国際社会から孤立し、経済的にも大きな痛手《いたで》を受けます。諸外国との貿易は滞《とどこお》り、外国からの援助も受けられなくなったためでした。

この苦境に対しフランコは、内戦の時期から続けていた食糧の配給制を中心とする自給自足経済政策で切り抜ける以外に選択肢はありませんでした。農業、工業、貿易などあらゆる経済活動を国家が管理・統制しました。

内戦で疲弊していた工業の回復は遅れ、農業機器や農薬の輸入もままならなかったことから農業もうまくいかず、小麦すら育てることができませんでした。このとき唯一、アルゼンチンから輸入された小麦が食糧難のスペインを支えます。さらに、多くの国民は配給では足りない食糧を闇市《やみいち》で高いお金を払って買うことになりますが、賃金水準は内戦前の50～60パーセントにとどまり、苦しい生活を強いられました。

冷戦のおかげで

国際社会から排除されたスペインでしたが、1940年代の終わりころからしだいに風向きが変わりはじめます。アメリカをはじめとする資本主義・自由主義の西側陣営と、ソ連などの共産主義・社会主義の東側陣営が対立する「東西冷戦」が始まったのです。

アメリカは、ソ連を牽制《けんせい》するための重要な国として、西ヨーロッパ、地中海、大西洋に面しているスペインを西側陣営に取りこもうとします。スペインは「反共の防波堤《ぼうはてい》」である、というフランコの主張が受け入れられはじめたのです。

アメリカは国連に働きかけ、1950年11月の国連総会で、ソ連、イスラエル、メキシコなどが反対し、イギリス、フランスが棄権するなか、スペイン排斥《はいせき》決議を撤回《てっかい》させることに成功します。

こうして国際社会に復帰するチャンスを得たスペインは、国連食糧農業機関や世界保健機関に加盟します。また、アメリカから多額の経済援助を受けたことで石油が輸入できるようになり、エネルギー不足も解消します。こうして、ようやくスペイン経済は回復しはじめました。さらに1953年にはアメリカと相互防衛協定を結び、米軍のためにスペイン国内の基地を貸し出すことが決められました。そして1955年、念願だったスペインの国連加盟が実現します。これにより、スペインはついに国際社会への復帰を果たしました。この年、ヨーロッパ経済協力機構（OEEC）の準加盟国にもなります。

一方、スペインが国際社会に復帰したことで、反体制派の立場は悪くなりました。彼らは、国際社会がフランコ体制に圧力をかけることを期待していましたが、その期待が裏切られたからです。

効果的な反体制運動が展開されなかったフランコ体制において、1959年に結成されたバスク独立のための武装集団「エタ（バスクと自由）」はテロ活動を活発化させていきます。

東西冷戦時の国際情勢

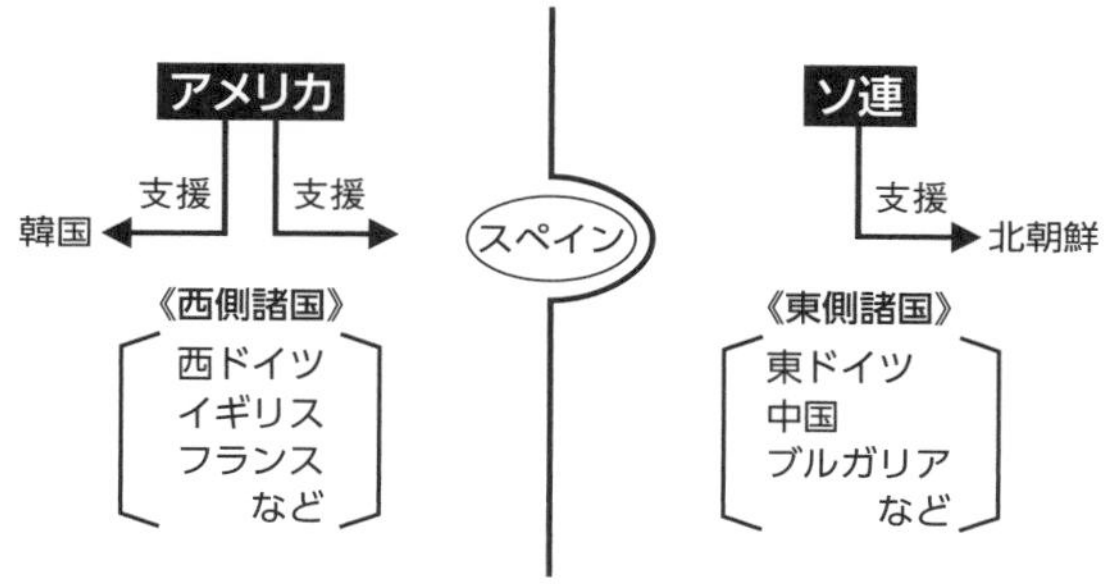

市場経済の導入

1950年代のスペイン経済は、国際社会に復帰した効果もあって、GNP（国民総生産）が年ごとに5パーセント上昇するという急成長を果たしました。しかし、輸入が増えた反面、輸出が伸び悩み、しだいに経済状況は悪化していきます。

そして1959年には、外貨が不足して対外債務《さいむ》（外国への借金）を返済できなくなりました。インフレによる物価の上昇に賃金の上昇が追いつかず、スペイン各地でストライキが起こるようになります。

スペインと取引のある国々は、スペインの経済破綻を望みませんでした。そこで国際通貨基金（IMF）とOEECすなわちのちの経済協力開発機構（OECD）は、対外

そのころ、日本では？

「週刊少年マガジン」（講談社《こうだんしゃ》）と「週刊少年サンデー」（小学館《しょうがくかん》）が1959（昭和34）年3月、同時に創刊されました。これを機《き》に、各出版社から週刊で漫画誌が発行されるようになります。ちなみに、「週刊少年ジャンプ」（集英社《しゅうえいしゃ》）が創刊されるのは1968（昭和43）年です。

債務の支払いに猶予《ゆうよ》を与え、経済を支援する代わりに、財政の立て直しとインフレの抑制、貿易と資本の自由化をスペインに求めました。

フランコはこれを受け入れて自給自足経済政策を放棄し、「経済安定化計画」として市場経済を導入します。

「奇跡の経済成長」

「経済安定化計画」は物価を下げるデフレ政策で、短期的に不況となりました。賃金が上がらないことで、よりよい条件を求める労働者が国外へ出ていきます。しかし、物価の上昇が落ちつくと、貿易と資本が自由化されたことで外貨の貯蓄も増えて、スペインの経済は好転しました。

1962年、スペイン政府は世界銀行の提言《ていげん》にもとづいた「経済・社会発展計画」を決定します。これは、産業基盤の整備、輸出産業の育成、地域の開発などを行うというものでした。

これらの経済政策により、1960年代のスペイン経済は1年に7・3パーセントという高度成長を遂げ、世界から「奇跡の経済成長」と呼ばれました。これは同時期の日本に次いで高い成長率です。

1959年から1966年の間にひとり当たりの国民所得は実質40パーセントも増加しました。さらにこの時期、西ドイツ、アメリカ、イギリスなどがスペインへの投資を増やしたことで、経済発展がさらに加速します。

また、1960年代のスペインでは、とくに観光産業が発達しました。経済成長で社会が安定したこともあり、海外からの観光客が増えます。1960年には年間約600万人だった観光客は、1965年には約1400万人となり、その莫大な観光収入はスペインの財政をうるおしました。

フランコの真意は？

第二次世界大戦が終結すると、前国王アルフォンソ13世の息子、ドン・フアンがローザンヌ宣言を発し、みずからを国王として王政復古を求めます。ドン・フアンの主張は筋が通っていたのですが、フランコは、ドン・フアンがフランコ体制の敵である共産主義に寛容《かんよう》すぎるため、彼の主張を認めたくありませんでした。

フランコは、1947年に基本法のひとつである「国家元首継承法」を発して、ドン・ファアンら王党派の動きを封じ込めることに成功します。国家元首継承法では、フランコ体制は国王不在の王政であると規定され、フランコは後継の国王を任命する権利をもつと定められました。

そこでドン・ファアンは、10歳になる息子のファアン・カルロスをフランコに預け、次期国王としての可能性を探りました。フランコは、ファアン・カルロスに国王としての英才教育を施《ほどこ》し、後継者候補のひとりとします。

1960年代に入ると、高齢となったフランコの健康状態は不安視されはじめ、体制の制度化と後継者問題が注目を集めるようになります。

1967年に公布された「国家組織法」は、フランコの死後を見すえて整備された基本法でした。誕生から30年余りを経て、フランコ体制がようやく固まったのです。

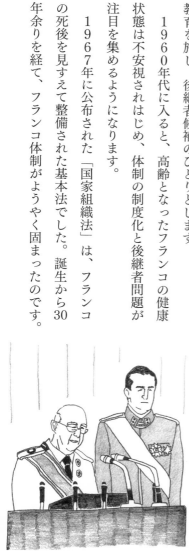

そして1969年、フランコは国家元首継承法にもとづいて、ファン・カルロスを後継者に指名しました。

独裁体制の終わり

ただ、フランコはみずからの存命中にファン・カルロスに政治の実権を与えるつもりはなく、カレーロ・ブランコ海軍大将を1973年6月に首相に任命しました。首相をフランコ以外の人物が務めるのはフランコ体制では初めてのことであり、実質的な国家運営の後継者としたのでした。

ところが、そのカレーロ・ブランコは首相就任から半年後、エタの構成員によって暗殺され、フランコの筋書き通りにはいかなくなってしまいます。さらにこの年、第一次オイルショックが発生し、順調だったスペイン経済はうまく回らなくなりました。

フランコは1975年10月に倒れ、11月20日に82歳で亡くなりました。彼の国民に対する遺言は「自分に対するのと同様の忠誠をもってファン・カルロスを支えよ、祖国《そこく》の敵に警戒せよ」というものでした。

フランコが亡くなったとき、スペイン国内で反体制運動は大きな盛り上がりをみせていませんでした。ポルトガルでは、フランコと同じように長期の独裁政権を築いていたサラザールが1970年に亡くなると、その4年後に革命が起きたのとは対照的です。

独裁体制でありながら西側陣営の一員でもあるというフランコ体制は、大きな破綻や混乱もないまま終わるのでした。

進む民主化

フランコの亡くなった2日後、フアン・カルロス1世が国王として国家元首になり、名実ともに王政が復活しました。

国内外からは、彼はフランコに育てられたため、フランコ体制を継続すると思われていました。実際、即位したときに、国会でフランコ体制への忠誠を誓っています。

ところが1976年7月、フアン・カルロス1世は親しい関係にあった43歳のスアレスを首相に任命すると、フランコの遺志に反して積極的に民主化をめざすようになりました。

スアレスは、もともとフランコ体制下で「国民運動」の重職に就き、国営放送の総裁などを務めたフランコ体制の幹部でした。

しかし、首相になるとすぐに、総選挙の実施を約束し、フランコ体制に反対する勢力と話し合う機会を設け、フランコ体制に抵抗して罰せられた人々への恩赦《おんしゃ》（国によって犯罪者の罪を軽くすること）を進めるなどの民主的な改革に取り組みます。

こうした一連の改革を、スアレスは「政治改革法」として成立させます。この法律には、普通選挙の実施や、国会を上院と下院からなる二院制にすることなどがふくまれ、1976年11月に8番目の基本法として国会を通過します。翌月の国民投票では、賛成94パーセントと高い支持を得ました。スペインの民主化は、フランコ体制下で重用された政治家によって準備されたという特徴があります。

総選挙が近づくと、スアレスはフランコ体制では非合法だった共産党を合法化します。フランコ体制の継続を願う軍などの反対を押し切っての実行でした。

1977年6月に41年ぶりの総選挙が行われると、スアレス率いる中道路線の民主中道同盟は第1党になりますが、スアレスの人気が高かったにもかかわらず、過半数は獲得できませんでした。第2党はフランコ体制下では非合法であった左派の社会労働党で、両党あわせて総議席の8割を占めることとなりました。

そして、スアレスは法的にもフランコ体制と決別するため、民主的な憲法の制定に取り組みます。1977年8月には、主要な政党の議員からなる憲法起草委員会が設置され、憲法の原案がつくられました。その後、上下両院と憲法起草委員会での修正を経て、1978年10月に上下院合同会議で新憲法案は圧倒的な賛成多数で可決されます。そして、この年12月に国民投票が行われ、89パーセントの賛成で承認されました。現行憲法でもある新憲法は、1978年憲法と呼ばれています。

自治州という問題

1978年憲法では、国民主権、基本的人権の尊重、国王を国民統合の象徴とすること、信教の自由などが定められました。こうして、スペインは民主的な立憲君主制の国家となったのです。しかし、地域の問題が残されたままでした。

スアレスはカタルーニャやバスクによる自治権獲得運動が民主化の成否に影響するこ

とを警戒し、新憲法制定前の1977年9月、カタルーニャに暫定自治政府の設置を認め、翌年にはバスクとガリシアにも同じ措置《そち》をとります。

当初、スアレスはこれら3つの地域だけを自治州にしようと考えていました。いわゆる歴史的自治州と呼ばれる地域です。しかし、他の多くの地域も暫定自治州の設置を求めたため、スアレスはその要求に応じ、1978年憲法では、すべての地域に自治権が与えられる可能性を示すことにします。その結果、憲法には歴史的自治州をふくむ高度な自治権をもつ自治州と、普通の自治州の2種類が定められました。

一方バスクでは、スペインからの独立という要求が認められないことから、国民投票による新憲法への賛成率が約50パーセントにとどまり、他の地域よりも大幅に低くなります。エタのテロ活動も続き、1979年と翌年だけで242人が亡くなりました。

クーデター未遂発生

スアレスは、民主化したあとの政治ビジョンがなかったことや、1979年の第二次オイルショックによるスペイン経済の低迷により、支持を失っていきます。さらに、民主中道同盟内や国王との意見の相違もあり、1981年1月に首相を辞任しました。民主中道同盟は次の首相にカルボ・ソテーロを指名しますが、カルボ・ソテーロは下院で絶対多数の信任が得られず、首相就任は第2回の投票にもちこされました。

投票日の2月23日、テヘーロ中佐率いる200人以上の治安警察部隊が下院を占拠し、軍事政権の樹立を求めるクーデターが発生します。しかし、このクーデターは、軍のほとんどが賛同せず、国王フアン・カルロス1世にも強く非難され、わずか1日で鎮圧されました。

NATOとECに加盟

西側陣営の軍事同盟である北大西洋条約機構（NATO）への加盟については、慎重な意見が多く、社会労働党や共産党は国民投票を求めました。しかし、アメリカの強い要請もあり、首相となったカルボ・ソテーロのもと、スペインは1982年にNATOに加盟します。

1982年10月の総選挙では、分裂状態だった民主中道同盟に代わって左派の社会労

17の自治州

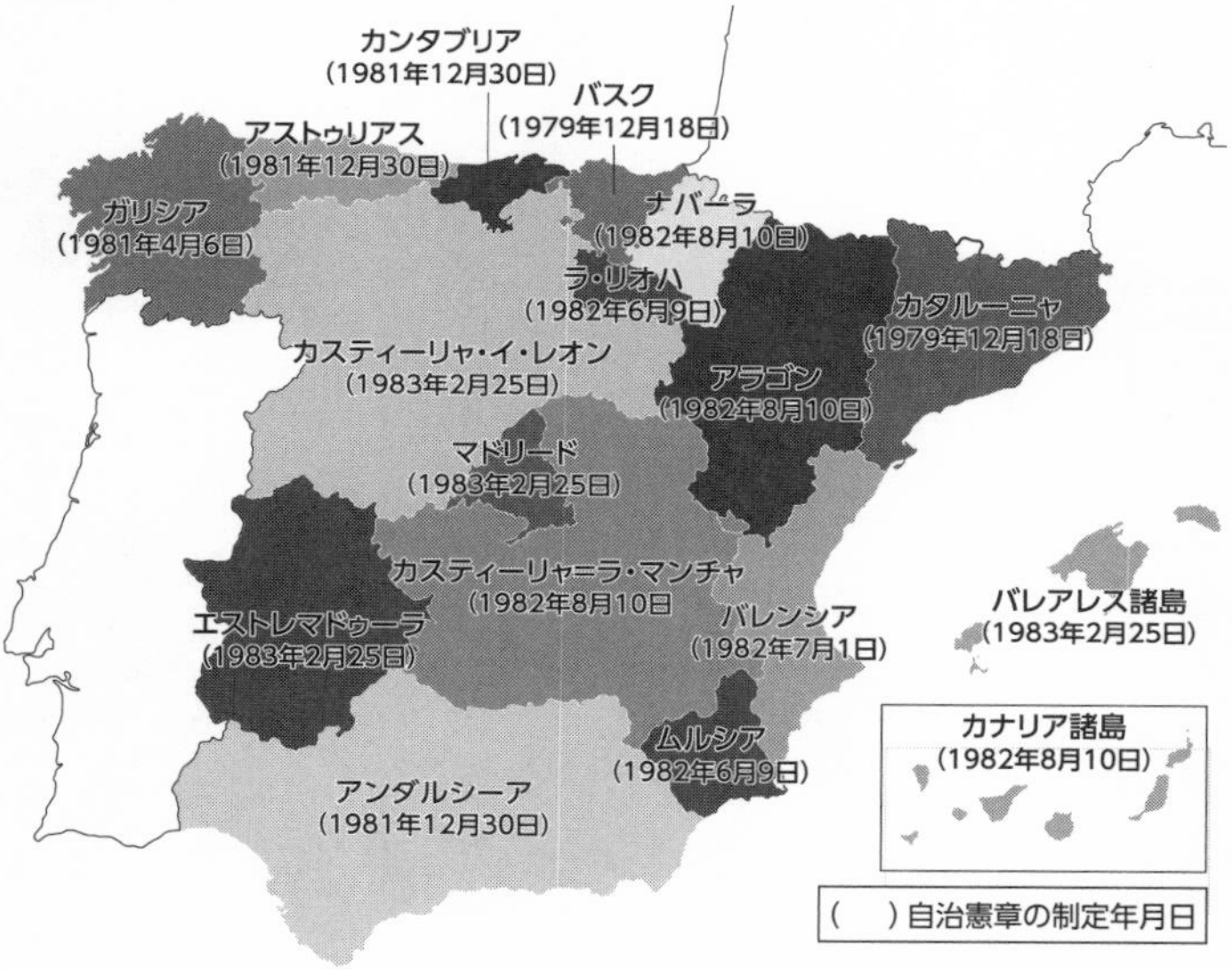

働党が政権をとり、同党のゴンサーレスが首相に就任しました。社会労働党は選挙の前にNATO加盟を批判していたものの、政権獲得後はNATO残留へと方針を転換します。

この時期、スペインの輸出額全体の半分以上をヨーロッパ共同体（EC）諸国が占め、スペインへの投資もEC諸国の比重が高まっていました。EC諸国はアイルランドを除いてNATOに加盟しており、NATOに加盟することは、ECに加盟するための第一歩と考えられたのでした。このような事情で、スペインはＮＡＴＯから離脱せず、１９８６年には念願だったＥＣ加盟を実現させます。

17の自治州、成立！

自治州の設置をスペイン全域に拡大することは民主化以来の課題でしたが、カルボ・ソテーロの民主中道同盟政権とゴンサーレスの社会労働党政権はその解決に取り組みます。

１９８１年10月、アンダルシーアは住民投票により、カタルーニャ、バスク、ガリシアに次いで４番目の高度な自治権をもった自治州となりました。その後も各地域が自治州となり、１９８３年2月には全17の自治州によるいわゆる「自治州国家」が誕生します。さらに１９９５年には、アフリカにある領土のセウタとメリーリャというふたつの自治都市が加わります。

しかし、高度な自治権をもった自治州と普通の自治州の混在は、以後さまざまな政治問題を引き起こすことになりました。

スペインのスポーツ

世界トップレベルの選手たち

　スペインでは近年、テニスのラファエル・ナダルや、サッカーのアンドレス・イニエスタなどの選手が世界的に活躍しており、日本でも人気があります。ナダルは２００５年に全仏オープンに初出場で優勝すると、ほぼ毎年のように全仏オープンで優勝しています。２００８年にはウィンブルドン初優勝、２００９年には全豪オープン初優勝、２０１０年には全米オープン初優勝と、四大大会すべてで優勝する「グランドスラム」を達成しています。

　ケガや病気に見舞われる時期もありましたが、２０１７年に復帰し、２０２０年には通算１０００勝を達成しました。丸太のような左腕からくりだされ、急激に落下して跳ね上がるトップスピンボールを得意とし、クレーコートでは81連勝という大記録をもち「赤土の絶対王者」とも呼ばれます。

●イニエスタ

●ナダル

イニエスタは、その華麗《かれい》なテクニックや視野の広さから「スペインの至宝」とも称されます。

12歳のときに出場した大会で注目を集め、その後すぐにＦＣバルセロナの下部組織に入団し、18歳でトップチームに昇格します。シャビ、プジョルらチームメイトとともにスペイン代表の中心選手となりました。

２０１０年の南アフリカワールドカップでは、スペイン初優勝の立役者のひとりとなり、世界最高のミッドフィルダーとたたえられました。

そして２０１８年には、Ｊリーグのチーム、ヴィッセル神戸へ移籍を発表し、人々を驚かせました。

20世紀を代表するチェロの巨匠

パウ・カザルス

Pau Casals

（1876 ～ 1973）

世界平和、民主主義、自由を訴え続けた

カザルスが初めてチェロを弾いたのは11歳でした。バルセロナとマドリードの音楽院で学んだあと、23歳のときにパリでデビューすると、バッハの『無伴奏《むばんそう》チェロ組曲』の演奏でチェロ奏者としての名声をたしかなものとします。

その一方で彼は、音楽を特権階級の人だけのものとしないために、1919年にバルセロナにパウ・カザルス管弦楽団《かんげんがくだん》をつくり、1925年には勤労者音楽協会を設立します。また、彼は世界平和、民主主義、自由を訴《うった》え続けました。フランコ政権に反対し、内戦中に祖国から離れます。しかし、彼を熱望する声に応《こた》えて1950年代にはスペイン国内の音楽祭に出演し、故郷であるカタルーニャの民謡『鳥の歌』をレパートリーに取り入れます。平和への願いを込めて、この曲を1971年の世界国際平和デーに国際連合本部で演奏したエピソードは有名です。

chapter 8

現代のスペイン

二大政党による政権

ゴンサーレス政権のスペインは1986年にECに加盟すると、観光による収入がますます増加します。ECによる開発援助や外国からの投資などが拡大し、好景気となりました。

このようななかで、1992年にはスペイン初のオリンピックであるバルセロナ・オリンピックが開催され、同じ年にセビーリャ万国博覧会も開催されました。また、マドリード＝セビーリャ間で、スペイン初の高速鉄道（アベ）が開通しました。

しかし1990年代に入ったころから、石油価格が高騰したことで世界的に経済が低調になり、スペインの経済状況は悪化していました。失業率も、1991年から1994年の間に16パーセントから25パーセントまで拡大しました。

またこの時期、長期政権を担っていた社会労働党でスキャンダルがあいつぎました。党幹部の汚職《おしょく》事件や、エタに対抗するために結成された極右テロ組織「反テロリズム解放グループ」に資金と情報を提供していたことなどが明らかになったのです。これにより、社会労働党の支持率は急落しました。

1996年に行われた総選挙では右派の人民党が第1党となり、14年間におよんだ社会労働党政権が終わることになります。

人民党による政権のもと、スペインの経済は回復し、財政赤字も縮小しました。そして、1999年には統一通貨ユーロの初期メンバーとなりました。人民党政権の政策は高い支持率を得て順調で、2004年3月14日の総選挙でも政権の続投が確実視されていました。

ところが、投票3日前にマドリード列車爆破テロ事件が発生します。これは、アメリカが主導したイラク戦争にスペインが派兵したことに反対するイスラーム過激派が起こしたものでした。にもかかわらず、政府はエタによる犯行と発表しました。さらに人民党政権は、イラクへの派兵に反対

する国民のデモをこのテロと関連づけて批判したため、非難を浴びます。

こうした要因も重なり、イラクから兵を引きあげるという公約を掲げていた社会労働党が、ふたたび政権に就きました。その後も2011年には人民党が、2018年には社会労働党が、交互に政権を握っています。

こうした長期にわたる人民党と社会労働党の二大政党制に対し、2008年のリーマン・ショック以来の世界的な経済危機を背景として、2015年以降、新しい流れとしてベーシックインカム（政府から国民への定期的な一定額の現金支給）や環境保護などを訴える左派ポピュリズム政党のポデモスが勢いをもち、2020年には社会労働党とポデモスの連立政権が誕生しました。また、2019年には極右政党とされるボクスが総選挙で議席を獲得しています。

スペインのこれから

スペインの民主主義は定着したものの、自治州国家のありかたについては21世紀においてもスペインの大きな課題として残っています。バスクとカタルーニャは、常にこの問題の中心にあります。

バスクの独立を求めるエタは、２００６年12月30日にマドリードのバラハス空港で爆破事件を起こすなど、２０００年代に入ってもテロをくりかえします。しかし、２０１０年と２０１１年に武装闘争の停止を発表し、２０１８年に解散を宣言しました。それでもバスクには、依然《いぜん》としてスペインからの独立を志向《しこう》する人々が一定数います。

一方、カタルーニャでは２０１０年ころから分離独立運動が盛んになります。２０１７年には独立の是非を問う住民投票が政府から許可を得ないままカタルーニャ州で実施され、約９割が独立に賛成しました。スペイン政府はこれを認めず、国家の一体性を損《そこ》なう行為だとして、カタルーニャ州の自治権を一時停止します。その後自治権は回復されたものの、現在もカタルーニャ独立問題は解決していま

そのころ、日本では？

2017（平成29）年12月、当時の今上天皇明仁《あきひと》が前年に譲《じょう》位《い》の意向を示したことを受け、退位日が2019（平成31）年4月30日に、皇太子徳仁《なるひと》親王の即位日が5月1日に正式決定されました。江戸時代の光格《こうかく》天皇から仁孝《にんこう》天皇への譲位以来、202年ぶりの譲位でした。

せん。

２０１４年には、スペインの民主化において大きな役割を果たしたファン・カルロス１世が退位し、彼の息子がフェリーペ６世として国王になりました。

かつては国民的人気を誇っていたファン・カルロス１世でしたが、今ではその人気にも陰《かげ》りが見え、サウジアラビアの高速鉄道の建設をめぐって賄賂を受け取っていたことも明らかになり、アラブ首長国連邦に亡命しています。

２０２０年に新型コロナウイルス感染症の世界的な大流行が起きると、スペインでも多くの犠牲者が出ました。経済の大きな柱のひとつである観光業も大打撃を受けましたが、その後徐々に大流行以前の活気が戻ってきています。

知れば知るほどおもしろいスペインの偉人❽

料理の常識を更新していくシェフ

ファラン・アドリア

Ferran Adrià

（1962～）

伝説のレストラン「エル・ブジ」の料理長

2006年から4年連続で「世界のベスト・レストラン50」の1位となり、予約の取れないレストランとして有名だった「エル・ブジ」で料理長を務めていたのが、ファラン・アドリアです。1962年にカタルーニャ州のルスピタレット・ダ・リュブラガットで生まれ、1984年に「エル・ブジ」にシェフとして入店します。

その独創性から世界最高のクリエーターと評されることもあるアドリアは、新たな調理法や独自の創作料理を生み出し続け、さらにはレシピを一般に公開しました。「エル・ブジ」は年間200万件もの予約が入るなどの人気を誇っていましたが、2011年7月に閉店しました。アドリアは、2013年に技術革新のためにエル・ブジ財団を開設し、挑戦を続けています。科学的なアプローチや他分野の要素を加えることが21世紀における料理の発展につながると説いています。

スペインの歴史 年表

この年表は本書であつかったスペインを中心につくってあります。

下段の「世界と日本のできごと」と合わせて、理解を深めましょう。

年代	スペインのできごと	世界と日本のできごと
〈紀元前〉		
15000ころ	アルタミラの洞窟壁画が描かれる	日本 縄文時代が始まる（BC15000ころ）
1000ころ〜	フェニキア人やケルト人などが到来する	日本 弥生時代が始まる（BC1000ころ）
227	カルタゴ人がカルタゴ・ノウァを建設する	世界 秦が魏を滅ぼす（BC225）
218	第二次ポエニ戦争が始まる（〜紀元前201）	世界 万里の長城の着工（BC214）
197	ローマが属州ヒスパニアを設置する	世界 漢の成立（BC206）
19	ローマによるヒスパニア支配が確立する	世界 アクティウムの海戦（BC31）
〈紀元〉		
409	ゲルマン民族が侵入する	世界 ゲルマン民族の大移動の開始（375）
418	西ゴート王国が建国される	世界 東晋が後秦を滅ぼす（417）

589	西ゴート王国がカトリックに改宗する	世界 隋の建国（581）
654	西ゴート法典が公布される	日本 乙巳の変（645）
711	イスラームが侵入し、西ゴート王国が滅亡する	日本 平城京に遷都（710）
718	アストゥリアス王国が成立する	日本 三世一身法（723）
722	コバドンガの戦いが起こり、レコンキスタが始まる	世界 聖像禁止令（726）
756	コルドバ・アミール国（後ウマイヤ朝）が成立する	世界 ピピンの寄進（756）
820ころ	ナバーラ王国が成立する	世界 フランク王国の分裂（843）
910	アストゥリアス王国がレオン王国とガリシア王国に分裂する	世界 高麗の建国（918）
1035	アラゴン王国がナバーラ王国から独立する	日本 平忠常の乱（1028）
1037	カスティーリャ＝レオン王国が成立する	世界 セルジューク朝の成立（1038）
1076	アラゴン王国がナバーラ王国を併合する	世界 カノッサの屈辱（1077）
1086	ムラービト朝が侵入する	日本 後三年の役（1083）
1137	アラゴン連合王国が成立する	世界 北宋の滅亡（1127）
1157	カスティーリャ王国とレオン王国が分裂する	日本 保元の乱（1156）
1172	ムワッヒド朝がアル・アンダルスを支配する	世界 ファーティマ朝の断絶（1171）

年代	スペインのできごと	世界と日本のできごと
1230	カスティーリャ王国がレオン王国をふたたび併合する	日本 承久の乱（1221）
1232	ナスル朝が成立する（1238ころグラナダ王国成立）	日本 御成敗式目（1232）
1236	「大レコンキスタ」が始まる	世界 モンゴルがヨーロッパに侵攻（1235ころ～1242）
1469	イサベルとフェルナンドが結婚する	日本 応仁の乱の開始（1467）
1474	イサベル1世がカスティーリャ女王に即位する	日本 越前一向一揆（1474）
1478	異端審問制が創設される	日本 応仁の乱の終結（1477）
1479	フェルナンド2世がアラゴン王に即位する	世界 バルトロメウ・ディアスが喜望峰に到達（1487）
1492	グラナダが陥落し、レコンキスタが完了する	日本 明応の政変（1493）
	ユダヤ教徒追放令が発布される	世界 イタリア戦争の開始（1494）
	コロンブスが西インド諸島に到達する	世界 バスコ・ダ・ガマがインド航路を発見（1498）
1496	両王が「カトリック王」の称号を授かる	世界 キプチャク・ハン国の滅亡（1502）
1516	スペイン・ハプスブルク朝が成立する	世界 ルターが95カ条の論題を発表（1517）
1519	カルロス1世が神聖ローマ皇帝カール5世に選出される（戴冠1520）	世界 マガリャンイスがマゼラン海峡に到達（1520）
1520	コムネーロスの反乱（コムニダーデスの反乱）が起こる	世界 ドイツ騎士戦争（1522）

1521	コルテスがアステカ帝国を征服する	世界 ローマ劫掠（1527）
1533	ピサロがインカ帝国を征服する	世界 マキアベッリの『君主論』が発刊（1532）
1568	ネーデルラントで反乱が起こる（八十年戦争 ～1648）	日本 織田信長が上洛を開始（1568）
1571	レパントの海戦でオスマン帝国に勝利する	世界 サン・バルテルミの虐殺（1572）
1579	ネーデルラントの北部7州がユトレヒト同盟を結成する	世界 アルカセル・キビールの戦い（1578）
1580	ポルトガルがスペインに編入される	日本 本能寺の変（1582）
1588	無敵艦隊がイギリスに敗北する	日本 豊臣秀吉による刀狩り（1588）
1605	セルバンテスが『ドン・キホーテ』前編を発表する（後編1615）	日本 江戸幕府の成立（1603）
1609	モリスコが追放される	世界 ロマノフ朝の成立（1613）
1640	カタルーニャとポルトガルが独立反乱を起こす	日本 島原の乱（1637）
1700	スペイン・ブルボン朝が成立する	世界 プロイセン王国の成立（1701）
1701	スペイン継承戦争が起こる（～1714）	日本 赤穂事件（1702）
1707	「新組織王令」が発布される（～1716）	世界 グレートブリテン王国の成立（1707）
1759	カルロス3世が即位し、啓蒙改革を行う	世界 七年戦争の開始（1756）
1808	スペイン独立戦争が始まる（～1814）	世界 アミアンの和約（1802）

年代	スペインのできごと	世界と日本のできごと
1812	カディス議会で「1812年憲法」が制定される	世界 ナポレオンがロシアに遠征（1812）
1820	「自由主義の3年間」が始まる（～1823）	日本 異国船打払令（1825）
1868	九月革命が発生し、イサベル2世が亡命する	日本 王政復古の大号令（1868）
1873	第一共和政が成立する	世界 ドイツ帝国の成立（1871）
1874	アルフォンソ12世が即位し、王政に戻る	日本 西南戦争（1877）
1898	米西戦争が勃発し、敗北する	日本 日清戦争の勃発（1894）
1909	「悲劇の1週間」が起こる	世界 第一次世界大戦の勃発（1914）
1921	アンワールの戦いでモロッコ反乱軍に敗れる	世界 国際連盟の発足（1920）
1923	プリモ・デ・リベーラが独裁を開始する（～1930）	日本 関東大震災（1923）
1931	アルフォンソ13世が亡命し、第二共和政が成立する	世界 満州事変（1931）
1934	十月革命が発生する	日本 五・一五事件（1932）
1936	スペイン内戦が始まる	日本 二・二六事件（1936）
1937	ピカソが『ゲルニカ』を完成させる	世界 第二次世界大戦の勃発（1939）
1939	スペイン内戦が終結し、フランコ独裁体制が成立する	日本 太平洋戦争の勃発（1941）

1946	国際連合総会でスペイン排斥が決議される	世界 ノルマンディー上陸作戦（1944）
1955	国際連合に加盟する	世界 朝鮮戦争の勃発（1950）
1959	「エタ（バスクと自由）」が結成される	日本 日ソ共同宣言（1956）
1967	「国家組織法」が公布される	世界 キューバ危機（1962）
1975	フランコが死去し、ファン・カルロス1世が国王に即位する	世界 第一次オイルショック（1973）
1978	1978年憲法が成立する	日本 ロッキード事件（1976）
1982	NATO（北大西洋条約機構）に加盟する	世界 フォークランド紛争（1982）
1986	EC（ヨーロッパ共同体）に加盟する	世界 チェルノブイリ原発事故（1986）
1992	セビーリャ万博とバルセロナ・オリンピックが開催される	世界 ソ連の崩壊（1991）
1999	統一通貨ユーロに初期メンバーとして参加する	世界 アメリカ同時多発テロ事件（2001）
2004	マドリード列車爆破テロ事件が起こる	世界 スマトラ島沖地震（2004）
2008ごろ	世界的な経済危機の影響を受け始める	世界 アラブの春（2010）
2014	ファン・カルロス1世が退位し、フェリーペ6世が即位する	日本 東日本大震災（2011）
2017	カタルーニャ州の自治権が一時停止される	世界 新型コロナウイルスの流行の開始（2020）
2018	「エタ」が解散を宣言する	世界 ロシアがウクライナに侵攻（2022）

主要邦語参考文献

『新版 世界各国史 スペイン・ポルトガル史』立石博高編（山川出版社）
『スペインの歴史―スペイン高校歴史教科書』J・アロステギ・サンチェス、M・ガルシア・セバスティアン、C・ガテル・アリモント、J・パラフォクス・ガミル、M・リスケス・コルベーリャ著／立石博高監訳／竹下和亮、内村俊太、久木正雄訳（明石書店）
『スペインの歴史を知るための50章』立石博高・内村俊太編著（明石書店）
『世界歴史大系 スペイン史１―古代～近世』関哲行、立石博高、中塚次郎編（山川出版社）
『世界歴史大系 スペイン史２―近現代・地域からの視座』関哲行、立石博高、中塚次郎編（山川出版社）
『読んで旅する世界の歴史と文化　スペイン』増田義郎監修(新潮社)

編集・構成／造事務所
ブックデザイン／井上祥邦（yockdesign）
文／尾登雄平、林良育、河野桃子、奈落一騎
イラスト／ suwakaho

[編著者]
永田智成（ながた・ともなり）
1981年、東京都生まれ。南山大学外国語学部スペイン・ラテンアメリカ学科教授。博士（政治学）。専攻はスペイン現代史、比較政治学。主な著書に『フランコ体制からの民主化―スアレスの政治手法』（単著、木鐸社）、『連邦制の逆説？―効果的な統治制度か』（分担執筆、ナカニシヤ出版）、『スペインの歴史を知るための50章』（分担執筆、明石書店）がある。

久木正雄（ひさき・まさお）
1982年、千葉県生まれ。法政大学国際文化学部国際文化学科准教授。修士（学術）。専攻はスペイン・ポルトガル近世史。主な著書に『スペイン帝国と複合君主政』（分担執筆、昭和堂）、『スペインの歴史を知るための50章』（分担執筆、明石書店）、『スペインの歴史―スペイン高校歴史教科書』（共訳、明石書店）がある。

世界と日本がわかる　国ぐにの歴史
一冊でわかるスペイン史

2021年3月20日　初版印刷
2024年8月30日　5刷発行

編　著　　永田智成・久木正雄

発行者　　小野寺優
発行所　　株式会社河出書房新社
〒162-8544
東京都新宿区東五軒町2-13
電話03-3404-1201（営業）
03-3404-8611（編集）
https://www.kawade.co.jp/
組　版　　株式会社造事務所
印刷・製本　TOPPANクロレ株式会社

Printed in Japan
ISBN978-4-309-81108-6

この国にも注目！

福井憲彦
一冊でわかる
フランス史
フランスって、めまぐるしい。
フランス革命でどのように変わったのか？
「そのころ、日本では？」

関眞興
一冊でわかる
ドイツ史
ドイツって、たくましい。
敗戦をどう乗り越えてきたのか？
「そのころ、日本では？」

小林照夫
一冊でわかる
イギリス史
イギリスって奥深い。
どのようにして島国が強大な帝国となったのか？
「そのころ、日本では？」

関眞興
一冊でわかる
アメリカ史
アメリカってどんな国？
国の誕生から現在まで、流れをザックリつかめる！

永田智成・久木正雄
一冊でわかる
スペイン史
スペインって、情熱だけじゃない。
どうして特異な歴史をたどったのか？
「そのころ、日本では？」

関眞興
一冊でわかる
ロシア史
ロシアって、謎だらけ。
極寒の大地で何が起こっていたのか？
「そのころ、日本では？」

岡本隆司
一冊でわかる
中国史
中国って、千変万化してる。
どれほどの興亡がくり返されたのか？
「そのころ、日本では？」

北原敦
一冊でわかる
イタリア史
イタリアって、あわただしい。
いかにして、ひとつの国になったのか？
「そのころ、日本では？」

長谷川岳男
村田奈々子
一冊でわかる
ギリシャ史
ギリシャって、しぶとい。
文明誕生からのギリシャ人の歩み
「そのころ、日本では？」

六反田豊
一冊でわかる
韓国史
韓国って、興味深い。
朝鮮半島で何が起きてきたのか？
「そのころ、日本では？」

関眞興
一冊でわかる
トルコ史
トルコって、すごく強靭。
強大な国家となった、その秘訣とは？
「そのころ、日本では？」

水島司
一冊でわかる
インド史
インドって、とても多彩。
ミステリアスな社会はどのようにして形づくられた？
「そのころ、日本では？」

関眞興
一冊でわかる
東欧史
東ヨーロッパは、騒がしい。
動乱はいつまで続くのか？
「そのころ、日本では？」

柿崎一郎
一冊でわかる
タイ史
タイって、世わたり上手。
王と、仏教と、「革命」の国の歩み
「そのころ、日本では？」

一冊でわかる
北欧史
北欧って、意外と波瀾万丈。
いかにして先進的な社会をつくりあげたのか？
「そのころ、日本では？」

関眞興
一冊でわかる
ブラジル史
ブラジルって、にぎやか。
国を動かしてきたのは民衆だった
「そのころ、日本では？」